Historias para Conversar

JOSÉ SILES ARTÉS

Historias
para
Conversar

NIVEL SUPERIOR

SOCIEDAD GENERAL ESPAÑOLA DE LIBRERÍA, S. A.

Primera edición, 1990

Produce: SGEL-Educación
  Marqués de Valdeiglesias, 5 - 28004 MADRID

Dibuja: M. Rueda
Maqueta: C. Campos
Cubierta: L. Carrascón

I.S.B.N.: 84-7143-420-2
Depósito Legal: M. 932-1990
Printed in Spain - Impreso en España

Compone e imprime: Nueva Imprenta, S. A.
Encuaderna: Aranchamago

INTRODUCCIÓN

HISTORIAS PARA CONVERSAR (NIVEL SUPERIOR) es el cuarto tomo de esta obra dirigida al estudiante de español como lengua extranjera. Como los tres libros precedentes, éste contiene treinta historias cortas que van seguidas de ejercicios para progresar tanto en el plano de la lengua hablada como en el de la escrita. Una cinta, con las treinta historias grabadas, sirve de soporte acústico al libro. Nos complace, en fin, ofrecer a profesores y alumnos esta colección de historias para estudiantes adelantados que, gratamente para el autor, le venía siendo solicitada. A todos les dirijo una vieja salutación que me parece en consonancia con el carácter de amenidad de las historias: ¡Que ustedes lo pasen bien!

Finalmente, muchas gracias a las profesoras Pepa Feu, de St. Louis University, y Carmen Rodríguez, del Instituto Sampere, que han colaborado en el ensayo de unidades de este libro.

En el ejercicio 3 algunas palabras de la historia aparecen incompletas, al objeto de que el alumno se esfuerce por completarlas **oralmente**. La parte que falta de cada palabra ha sido sustituida por un medio rombo, ▶. Este signo se utiliza en cualquiera de estos dos casos:

a) para sustituir a una o más sílabas:

so▶ = solo   o▶ = opresión   in▶ = internacional

b) para sustituir a una o más letras:

e▶ = el   h▶ = hay   l▶ = leo.

SUMARIO

El profesor don Amancio Buendía iba siempre tan distraído en sus pensamientos que con frecuencia dejaba de saludar por la calle a personas muy conocidas. A veces, por el contrario, saludaba a totales desconocidos y, en ocasiones, respondía maquinalmente a los saludos de los otros. Una costumbre que tenía y era muy célebre consistía en decir siempre «adiós, señores», ya se tratase de varias personas o de una sola. A la gente esto le resultaba muy divertido. Pero se daba un hecho curioso: esta falta de atención la cometía siempre con los hombres. Con las mujeres, «adiós, señora» quería decir una y «adiós, señoras» significaba sin fallo más de una. Aparte del mencionado hábito, don Amancio cometía constantemente otros despistes. Uno de ellos se refiere a un señor que cierto día le paró por la acera.

—¿Sabe usted la hora que es? —preguntó aquél a don Amancio.

El profesor miró a su interlocutor de arriba abajo, hizo una pausa hasta que pudo caer de las nubes y, por fin, muy amablemente, respondió:

—Lo siento, señor, no fumo.

NOTAS

1. **Exprese con otras palabras estas frases de la historia**

   1. Distraído en sus pensamientos.
      Ensi__ __s__ado.
   2. Por el contrario.
      A la inv__ __s__.
   3. Le resultaba muy divertido.
      Le h__cí__ mucha gr__ __i__.
   4. Se daba un hecho curioso.
      Ocur__ __a al__ __ int__ __ __s__nte.

2. **Busque en la historia las palabras más relacionadas con las siguientes**

   1. Cabeza.
      Pen............................
   2. Suma.
      To................
   3. Familiar.
      Des............................
   4. Ausencia.
      Fal........
   5. Acierto.
      Fa..........
   6. Camino.
      Des...................
   7. Peatón.
      Ac..........
   8. Tiempo.
      Nu..........

3. Lea a su compañero

A) El profesor don Amancio Buendía i▶ siempre tan dis▶ en sus pensamientos que con fre▶ dejaba de sa▶ por la calle a personas muy co▶. A veces, por el con▶, saludaba a totales des▶ y, e▶ o▶, respondía ma▶ a los saludos de los otros. Una cos▶ que tenía y era muy cé▶, con▶ en de▶ siempre «adiós, señores», ya se tra▶ de varias personas o de una sola. A la gente es▶ le re▶ muy divertido. Pero se da▶ un he▶ curioso: esta fal▶ de atención la co▶ siempre con los hombres.

B) Con las mujeres, «adiós, señora», que▶ de▶ una y «adiós, señoras» sig▶ sin fallo m▶ d▶ u▶. Aparte del men▶ hábito, don Amancio cometía cons▶ otros despistes. Uno de ellos se re▶ a un señor que cierto día le pa▶ por la a▶. «¿Sabe usted la hora que es?», pre▶ a▶ a don Amancio. El profesor miró a su in▶ de a▶ a▶, hizo una pau▶ hasta que pudo c▶ de las nubes y, p▶ f▶, muy amablemente, respondió: «L▶ sien▶, señor, no fumo».

4. Converse con su compañero

1. ¿Cuál es su opinión sobre el hábito de fumar?
2. ¿Cuándo no es usted puntual?
3. Cuente algún caso en que se confundiera de hora o de día de la semana.

5. Haga frases con los elementos dados

1. Iba siempre tan distraído que no saludaba a los conocidos.
   Iba .... que ....
2. Tenía una costumbre que consistía en decir siempre «adiós, señores», ya se tratase de varias personas o de una sola.
   .... que consistía en ....
   ...., ya ....
   .... o ....
3. Aparte de aquel hábito, don Amancio cometía constantemente otros despistes.
   Aparte de ...., ...
   ....
4. El profesor hizo una pausa, miró a su interlocutor y, por fin, le respondió.
   ...., ...
   .... y, por fin, ...

PASATIEMPOS

FAMILIA DE PALABRAS

6. Coloque la letra que falta en cada una de ellas

Contra
- ___taque
- ___ando
- ___ción
- ___icción
- ___ndicación
- ___eso
- ___osición
- ___iedad
- ___revolución
- ___entido

7. Complete los siguientes dichos

1. SER UN CERO A LA IZ__ __ __ __ __ __ __.

2. ESTAR MAS POBRE QUE UNA R__ __ __.

3. ESTAR CALLADO COMO UN M__ __ __ __ __.

LOS SUSPENSOS DE MONCHO

Es sabido que las matemáticas constituyen una fuente clásica de obstáculos para bastantes alumnos. Hay quienes se atrancan desde el principio y sólo salen adelante a base de grandes esfuerzos y angustias. En el colegio «Arquímedes», precisamente, había una profesora joven, Maricarmen, que luchaba para que ningún alumno fracasase en matemáticas. A tal efecto nunca dejaba de entrevistar a aquel alumno que bajase su rendimiento, para averiguar las causas y poner el remedio adecuado, y así lo hizo con Moncho, un chico de doce años que llevaba dos trimestres suspendiendo las matemáticas, cuando anteriormente siempre se había defendido aceptablemente en la asignatura.

—Moncho —quiso saber Maricarmen—, háblame con toda franqueza. ¿Cuál es tu problema?

—Es que desde que empezamos el álgebra no entiendo nada, profesora.

—Cuánto me sorprende esto, porque Lidia, que siempre ha estado por debajo de ti, ha aumentado incluso su calificación.

Lidia era la compañera de pupitre de Moncho.

—Bueno —razonó el chico—, es que las mujeres se entienden muy bien entre sí. Eso dice mi padre.

1. **Exprese con otras palabras las siguientes frases de la historia**

    1. Una fuente clásica de obstáculos para bastantes alumnos.
        Una asignat__ __ __ muy dif__ __ __ __ pa__ __ much__ __ chic__ __.
    2. Grandes esfuerzos y angustias.
        Mu__ __ __ traba__ __ y sinsab__ __ __ __.
    3. Para averiguar las causas.
        Para cono__ __ __ los moti__ __ __.
    4. Háblame con toda franqueza.
        Di__ __ la ver__ __ __.
    5. Ha aumentado incluso su calificación.
        Hasta sac__ ahora mej__ __ not__.

2. **Dé los sinónimos de las siguientes palabras de la historia**

    1. Principio.
        Inic__ __.
    2. Averiguar.
        Enter__ __ __ __ de.
    3. Adecuado.
        Aprop__ __ __ __.
    4. Aceptablemente.
        Pasa__ __ __ __ __ __ __.
    5. Sorprende.
        Extr__ __ __.
    6. Razonó.
        Arg__ __ __.

3. Lea a su compañero

A) Es sa ▶ que las matemáticas cons ▶ una fuente clásica de obs ▶ para bastantes alumnos. Hay quienes se a ▶ desde el principio y sólo sa ▶ a ▶ a base de grandes es ▶ y angustias. En el colegio «Arquímedes», pre ▶, había una profesora joven, Maricarmen, que lu ▶ para que nin ▶ alumno suyo fra ▶ en matemáticas. A tal e ▶ nunca de ▶ de en ▶ a aquel alumno que bajase su ren ▶, para a ▶ las causas y poner el re ▶ adecuado...

B) y así l ▶ hi ▶ con Moncho, un chico de doce años que llevaba dos tri ▶ sus ▶ las matemáticas, cuando an ▶ siempre se había de ▶ aceptablemente en la a ▶. «Moncho», qui ▶ sa ▶ Maricarmen, «háblame con toda fran ▶. ¿Cuál es tu problema?». «E ▶ qu ▶ des ▶ que empezamos el álgebra no en ▶ na ▶, profesora». «Cuánto me sor ▶ esto, porque Lidia, que siempre ha estado p ▶ de ▶ de ti, ha au ▶ incluso su calificación». Lidia era la compañera de pu ▶ de Moncho. «Bueno», ra ▶ el chico, «es que las mu ▶ se en ▶ muy bien en ▶ s ▶. Eso dice mi padre».

4. Converse con su compañero

1. Hable de alguna asignatura que se le diera mal en el «cole».
2. Hable de algún profesor que recuerde especialmente.
3. ¿Qué opina de lo que pensaba el padre de Moncho sobre que las mujeres se entienden muy bien entre sí?

5. Haga frases con los elementos dados

1. Es sabido que las matemáticas constituyen una gran dificultad para muchos alumnos.
   Es sabido que .... constituye/n
   ....
2. Hay quienes se atrancan desde el principio.
   Hay quien/es ....
3. Ella luchaba para que ningún alumno fracasase.
   .... aba/ía para que ....
4. Un chico que llevaba dos trimestres suspendiendo las matemáticas.
   .... que llevaba ....
   ....ndo ....

PASATIEMPOS

FAMILIA DE PALABRAS

6. Coloque la letra que falta en cada una de ellas

	__cto
	__ejo
	__icho
	__uces
Entre	__año
	__uelo
	__anto
	__iempo
	__ista

7. Complete estos proverbios con la palabra adecuada

1. A GRANDES MALES, GRANDES ....
   (soluciones, decisiones, remedios)

2. LOS QUE DUERMEN EN EL MISMO .... SE VUEL-
   VEN DE LA MISMA OPINIÓN.
   (cuarto, lecho, colchón)

3. CONTRA EL VICIO DE PEDIR, LA .... DE NO DAR.
   (postura, virtud, solución)

CAMBIO DE PAREJAS

Hacia las siete de la tarde Fernando telefoneó a Reme, su mujer, y le dijo que aquella noche volvería a casa tarde porque tenía que llevar a cenar a un cliente importante del extranjero. Eran las nueve de la noche cuando Fernando entraba en el restaurante «Bolero», un establecimiento selecto situado en las afueras de la ciudad. Le acompañaba una mujer elegante y guapa. La pareja fue aposentada en una mesa por el metre y éste les tomó la comanda. Luego, aquélla dejó solo a Fernando para ir a los servicios. Entonces éste giró la cabeza para examinar la concurrencia y vio que su esposa, Reme, le estaba mirando desde una mesa situada un poco más allá. Fernando se quedó atónito. Ella se levantó y se le acercó sonriente.

—¡Vaya cliente tan guapa que tienes! —comentó.

—Sí, es verdad... ¿Tú qué haces aquí?

—He venido a cenar con un caballero. Mira, aquí viene.

Se les aproximaba un hombre alto y serio, a quien acompañaba la pareja de Fernando. Hubo un intercambio de saludos corteses y presentaciones entre las cuatro personas, de donde se desprendió que la cliente de Fernando era la esposa del hombre alto. A continuación cada caballero cambió de mesa para sentarse con su legítima esposa, y cada uno, además, se comió el menú que el otro ya había pedido.

NOTAS

1. **Use palabras de la historia para hacer frases relacionadas con las siguientes**

   1. Me ha metido una mentira.
      Dijo que ....
   2. Un restaurante caro.
      Un ....
   3. ¡Tierra, trágame, es Reme!
      Le .... desde .... cercana.
   4. Ese tipo sabe comer bien.
      .... uno se .... el .... había ....

2. **Busque en el texto las palabras más relacionadas con las siguientes**

1. Negocio.	2. Caro.
..............nte.	..............cto.
3. Lejos.	4. Moda.
..............ras.	................nte.
5. Espejo.	6. Dentadura.
................cios.	....................nte.
7. Corbata.	8. Ley.
........................ro.	...................ma.

17

3. Lea a su compañero

A) Ha▶ las siete de la tarde Fernando te▶ a Reme, su mujer, y le di▶ que aquella noche vol▶ a casa tarde porque te▶ que lle▶ a cenar a un clien▶ importante del ex▶. Eran las nueve de la noche cuando Fernando en▶ en el restaurante «Bolero», un es▶ selecto si▶ en las afueras de la ciudad. Le a▶ una mujer elegante y guapa. La pareja fue a▶ por el metre y éste l▶ to▶ la comanda. Luego aquélla de▶ solo a Fernando pa▶ ir a los ser▶. En▶ éste gi▶ la cabeza para examinar la con▶ y vio que su esposa, Reme, le es▶ mi▶ desde una mesa situada un poco m▶ a▶.

B) Fernando se quedó a▶. Ella se le▶ y s▶ l▶ acercó son▶. «¡Va▶ cliente tan guapa que tienes!», co▶. «Sí, es verdad... ¿Tú qué ha▶ a▶?» «He venido a ce▶ con un caballero. Mi▶ a▶ viene». S▶ l▶ aproximaba un hombre alto y serio, a qu▶ acompañaba la pa▶ de Fernando. Hubo un in▶ de saludos cor▶ y pre▶ entre las cuatro personas, de donde se des▶ que la cliente de Fernando era la es▶ del hombre alto. A con▶ cada caballero cam▶ de mesa para sentarse con su le▶ esposa, y cada uno, a▶, se comió el me▶ que ya el otro ha▶ pe▶.

4. Converse con su compañero

1. Comer para vivir, o vivir para comer. ¿Qué piensa usted de esta alternativa?
2. Referente a la historia precedente, ¿había mentido Fernando a Reme?
3. ¿Cómo es que Reme y Fernando se encontraron en aquel restaurante?

5. Haga frases con los elementos dados

1. Fernando dijo que volvería tarde a casa porque tenía que cenar con un cliente.
   .... dijo que ....
   .... porque ....
2. Eran las nueve de la noche cuando Fernando entraba en el restaurante «Bolero».
   Eran .... cuando ....
   ....ba/ía ....

3. Vio que Reme le estaba mirando desde una mesa situada un poco más allá.

.... que ....ndo

....

6. Coloque los números correspondientes

1. Participar.
2. Suspender.
3. Dar un significado a algo.
4. Obstaculizar el paso.
5. Mediar.
6. Colocar una cosa entre otras.

☐ Intercalar.
☐ Interceder.
☐ Interceptar.
☐ Interpretar.
☐ Interrumpir.
☐ Intervenir.

7. Complete estos proverbios con la palabra adecuada

1. AL SONAR EL PEDO*, SÓLO QUEDA UN ROSTRO ....

   (alegre, indiferente, serio)

2. AMIGO DE MUCHOS, AMIGO DE ....

   (todos, ninguno, verdad)

3. ANTES DE HACER NADA, CONSÚLTALO CON LA ....

   (almohada, esposa, mujer)

---

* Vulgarismo.

En otros tiempos el casamiento de los viudos era considerado un tanto reprobable y bastante risible. La gente de los pueblos y aldeas de distintas regiones españolas, cuando había una boda de viudo o viuda, se echaba a la calle con cencerros, bocinas, caracolas e instrumentos similares para hacer el mayor ruido posible ante la vivienda de los recién casados. Este jolgorio podía durar varios días, y de él la parte más divertida era «amenizarles» a los novios la primera noche de matrimonio con aquel ruido infernal.

Durante la cencerrada se cantaban también canciones satíricas referentes a los contrayentes, canciones que podían ser bastante crueles cuando el novio era ya de edad avanzada y la novia una jovencita, caso que al parecer no era infrecuente. Era corriente también que en la cencerrada figurase una pareja disfrazada del novio y de la novia, a los que imitaba con gestos y palabras burlescos.

En cualquier caso, con toda aquella barahúnda se perseguía que los amantes no pudieran concentrarse para hacer el amor en aquellas primeras horas de casados. Esta era en el fondo la gran diversión.

NOTAS

1. Coloque los números correspondientes

1. Un tanto reprobable.   — ¡Qué tormento, amor mío!
2. El mayor ruido posible.   — ¡Vaya viejo verde!
3. Un novio de edad avanzada.   — Es una vergüenza.
4. Que los amantes no pudieran hacer — ¡Qué infierno!
   el amor.

2. Dé los sinónimos de estas palabras de la historia

1. Reprobable.   2. Risible.
   Censu__ __ble.   Ridí__ __lo.
3. Similares.   4. Referentes.
   Pare__ __dos.   Refe__ __das.
5. Perseguía.   6. En el fondo.
   Bus__ __ba.   En rea__ __dad.

3. **Lea a su compañero**

A) En otros tiempos el ca▶ de los viudos era con▶ un tanto reprobable y bastante risible. La gente de los pueblos y al▶ de distintas re▶ españolas, cuando había una bo▶ de viudo o viuda, se e▶ a la ca▶ con cencerros, bo▶, caracolas e instrumentos similares para hacer el ma▶ ruido posible an▶ la vi▶ de los recién ca▶. Este jol▶ podía du▶ varios días, y de él la parte más divertida era «a▶» a los no▶ la primera noche de ma▶ con aquel ruido infernal.

B) Durante la cen▶ se cantaban también canciones sa▶ referentes a los con▶, canciones que podían ser bastante crue▶ cuando el novio era ya de edad a▶ y la novia una jo▶, caso que al pa▶ no era in▶. Era corriente también que en la cencerrada fi▶ una pareja dis▶ del novio y de la novia, a los que i▶ con gestos y palabras bur▶. En cual▶ caso, con toda aquella barahúnda se per▶ que los a▶ no pudieran concentrarse para ha▶ el a▶ en aquellas pri▶ horas de ca▶. Esta era en el fon▶ la gran di▶.

4. **Converse con su compañero**

1. ¡Qué opina de la cencerrada?
2. ¿Hay en su país alguna fiesta similar a la cencerrada?
3. ¿Qué piensa de los matrimonios con gran diferencia de edad entre los contrayentes?

5. **Haga frases con los elementos dados**

1. El casamiento de los viudos era considerado un tanto reprobable.
   El/La .... era considerado/a
   ....
2. La gente se echaba a la calle para hacer burla de los novios.
   ....
   se echaba a la calle para ....
3. Este jolgorio podía durar varios días.
   .... podía/n durar ....
4. Se perseguía que los novios no pudieran concentrarse para hacer el amor.
   Se ....ía/aba que ....
   ....ra/n .... para ....

22

PASATIEMPOS

6. Rellene las casillas en blanco

VERBO	NOMBRE
concentrar	
derramar	
razonar	
durar	
apartar	
lanzar	
madurar	
mejorar	

7. Complete los siguientes dichos

To rake to communion

1. COMULGAR CON RU LD AS DE MOLINO. 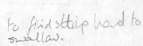 to find sttip hard to swallow.

2. IR CONTRA VIENTO Y M__ __EA.

3. COMER CON LOS O__ __ __ MÁS QUE CON LA BOCA.

23

¿Me enseña su carnet de conducir?

Tratando de desaparcar, Cristina le dio un fuerte golpe al coche de atrás y, a continuación, otro más ruidoso al coche de delante. Evidentemente tenía prisa y, además, le faltaba destreza. Mientras hacía laboriosísimas maniobras de volante y marcha atrás y adelante sucesivamente, la conductora profería tacos viperinos contra los dos anónimos conductores que así la habían encerrado. Por fin, con un centímetro escaso de holgura, el coche de Cristina empezó a despegarse hacia el centro de la calle, pero tan atenta estaba aquélla en su labor que no había reparado en un autobús que se le aproximaba desde el fondo de la calle. Éste tuvo el tiempo justo de frenar para no golpear al coche de Cristina. Al instante, un policía que andaba por allí, se dirigió a la conductora:

—¿Me enseña su carnet de conducir, por favor, señorita?

Al oír esto, la mujer se echó a llorar. Al poco el coche partía a toda velocidad. Al volante iba el policía, quien llevaba a Cristina a una cita importante para la que faltaban pocos minutos: la esperaban para hacer el examen de conducir.

NOTAS

1. **Diga con otras palabras las siguientes frases de la historia**

    1. Le faltaba destreza.
       No ten__ __ solt__ __ __.
    2. Profería tacos viperinos.
       Ech__ __ __ víbo__ __ __ por la boc__.
    3. Tan atenta estaba aquélla en su labor...
       Tan concent__ __ __ __ estaba en la manio__ __ __ ...
    4. Al volante iba el policía.
       El coche l__ cond__ __ __ __ el policía.

2. **Dé los sinónimos de estas palabras de la historia**

    1. Destreza.
       Habi__ __ __ __ __.
    2. Holgura.
       Marg__ __.
    3. Despegarse.
       Sepa__ __ __ __ __.
    4. Atenta.
       Absor__ __.
    5. Labor.
       Fae__ __.
    6. Reparado en.
       Vis__ __.
    7. Partía.
       Sal__ __.
    8. Faltaban.
       Qued__ __ __ __.

3. Lea a su compañero

A) Tratando de des▶, Cristina le dio un fuerte gol▶ al coche de atrás y, a con▶, otro más rui▶ al coche de de ▶. Evidentemente, te▶ pri▶ y, además, le fal▶ destreza. Mientras hacía la▶ maniobras de volante y mar▶ atrás y a▶ sucesivamente, la con▶ profería tacos viperinos contra los dos a▶ conductores que así la habían en▶. P▶ f▶, con un centímetro es▶ de holgura, el coche de Cristina e▶ a despegarse ha▶ el centro de la calle, pero tan a▶ estaba aquélla con su la▶ que no había reparado en un autobús que se le a▶ desde el fon▶ de la calle.

B) Éste tu▶ el tiempo jus▶ de fre▶ para no golpear al coche de Cristina. A▶ ins▶, un policía que an▶ por allí se di▶ a la conductora: «¿Me en▶ su carnet de conducir, por favor, señorita?» Al oír esto, la mujer se e▶ a llo▶. Al poco el coche partía a to▶ ve▶. Al volante i▶ el policía, qu▶ llevaba a Cristina a una ci▶ importante para l▶ qu▶ faltaban pocos minutos: la es▶ para ha▶ el examen de conducir.

4. Converse con su compañero

1. ¿Cómo se podría mejorar la situación del tráfico en carreteras y ciudades?
2. ¿Por qué cree que el coche ocupa un lugar tan importante en la vida del hombre moderno?
3. Explique las cualidades de su tipo de coche favorito.

5. Haga frases con los elementos dados

1. Tratando de desaparcar, ella le dio un golpe al coche de atrás.
   Tratando de ...., ...
   ....
2. Tan atenta estaba en su labor, que no había visto acercarse un autobús.
   Tan ....aba/ía ....
   que ....
3. Tuvo el tiempo justo de frenar para no golpear al coche de Cristina.
   Tuvo el tiempo justo de ....
   para ....
4. Al oír esto, la mujer se echó a llorar.
   Al ....r ...., ...

6. Rellene las casillas en blanco

VERBO	NOMBRE
golpear	
encerrar	
faltar	
frenar	
conducir	
llorar	
tomar	
hallar	

7. Complete los siguientes proverbios

1. CASA CON DOS _ _ _ _ _ _ _ _ MALA ES DE GUARDAR.

2. DIME CON QUIÉN A_ _ _ _ _ Y TE DIRÉ QUIÉN ERES.

3. A RÍO REVUELTO, GANANCIA DE P_ _ _ _ _ _ _RES.

UNA FIESTA FENOMENAL

A don Amancio Buendía, el despistado profesor de latín de la universidad de Valladolid, le invitaron a una recepción para recaudar fondos con destino a una sociedad benéfica. Don Amancio asistió al festejo y, al día siguiente, un colega suyo de la universidad le preguntó:

—¿Qué tal estuvo la fiesta del otro día en el hotel Fénix?

—Muy bien en todos los sentidos. Hubo mucha animación y gente muy interesante y simpática.

—¿Hubo baile?

—¡Sí, cómo no! Hubo dos orquestas magníficas, en dos salones diferentes.

—¿Y qué tal os dieron de comer y beber?

—¡Ah, fenomenal! Constantemente pasaban camareros con bandejas de aperitivos y bebidas de todas clases.

—Pues cómo siento habérmelo perdido, pero es que ese día tuve que ir a Madrid —se lamentó el compañero de don Amancio.

—Te habría encantado —le aseguró éste—, porque para colmo pasaban unas señoritas con unas bandejas llenas de billetes de mil la mayoría. ¡Yo cogí dos!

Do Thés

+ sentences

1. Diga con otras palabras las siguientes frases de la historia

    1. Recaudar fondos.
        Cons__ __ __ir din__ __ __.
    2. ¡Cómo no!
        ¡Ya __ __ cre__!
    3. ¿Qué tal?
        ¿Có__ __?
    4. Cómo siento...
        Qué rab__a.
    5. La mayoría.
        Ca__ __ to__ __s.

2. Dé los sinónimos de estas palabras de la historia

    1. Despistado.   2. Sentidos.
        Distr__ __ __ __.   Aspe__ __o__.
    3. Magníficas.   4. Lamentó.
        Estu__ __ndas.   Quej__.
    5. Cogí.
        Agar__ __.

3. Lea a su compañero

A) A don Amancio Buendía, el des▶ profesor de latín de la universidad de Va▶, le invitaron a una re▶ para recaudar fon▶ con des▶ a una sociedad benéfica. Don Amancio asis▶ al festejo y, a▶ día siguiente, un co▶ suyo de la universidad le preguntó: «¿Qu▶ t▶ es▶ la fiesta o▶ d▶ en el hotel Fenix?» «Muy bien en to▶ l▶ sen▶. Hu▶ mucha a▶ y gente muy interesante y simpática».

B) «¿Hu▶ baile?» «¡Sí, co▶ n▶! Hubo dos or▶ magníficas en dos salones diferentes». «¿Y qué tal o▶ dieron d▶ comer y beber?» «¡Ah, fe▶! Cons▶ pasaban camareros con ban▶ de aperitivos y bebidas de to▶ cla▶». «Pues cómo siento ha▶ per▶, pero es que ese día tu▶ que ir a Madrid», se lamentó el com▶ de don Amancio. «T▶ ha▶ encantado», le a▶ éste, «porque pa▶ col▶ pasaban unas señoritas con unas bandejas lle▶ de bi▶ de mil la mayoría. ¡Yo co▶ dos!»

4. Converse con su compañero

1. Del tipo de fiesta que le gusta.
2. De una fiesta en la que se divirtió extraordinariamente.
3. De una fiesta en la que se aburrió mucho.
4. La Cruz Roja, la UNICEF u otra asociación benéfica.

5. Haga una oración con cada una de estas palabras

1. Estuvo. ....
2. Estaba. ....

3. Hubo. ....
4. Había. ....

5. Dieron. ....
6. Daban. ....

7. Pasaron. ....
8. Pasaban. ....

6. **Complete las palabras indicadas. Todas son derivados de** *festejar*

   FESTEJO.

   FEST__N.

   FEST__ __ __L.

   FEST__ __ __ __ __ __ __E.

   FEST__ __ __ __ __D.

   FEST__ __O.

   FIESTA.

7. **Las siguientes palabras del texto pueden tener otro significado. Exprese cada uno de ellos por medio de una frase**

fondos	
asistió	
sentidos	
clases	

NUEVA DIRECCIÓN

El vagabundo Severiano se ha puesto en una de las colas de la oficina de correos. A la espalda lleva una abultada mochila donde se encierran todas sus pertenencias. Se va esta mañana de este pueblo, en cuyos alrededores ha pasado casi un mes. Algunos de los que están en la oficina le sonríen. Éste es un pueblo rico, de gente hacendosa y rutinaria; gente que se aburre un poco, para la cual la figura de un bohemio que ni trabaja, ni come, ni duerme a las horas de los demás, resulta bastante singular. Una señora se acerca a Severiano.

—¿Qué, nos deja usted ya?

—Sí, señora, hoy mismo.

—¿Volverá?

—Así lo espero, como dentro de un par de años.

—¿Tanto tiempo?

—Es que el país es muy grande y yo viajo despacio.

Por fin le toca el turno a Severiano, quien dice al funcionario que quiere dejar una dirección donde le remitan la correspondencia. «Hasta el 30 de octubre», detalla, «mi dirección será: "carretera comarcal de Badajoz, número 124, kilómetro 84, bajo"».

—No comprendo —arguye el funcionario—. ¿Ésa es una dirección?

—Ya lo creo. Es un puente sobre un riachuelo. Yo me hospedo debajo.

NOTAS

1. **Coloque los números correspondientes**

   1. Cola.
   2. Abultada mochila.
   3. Casi un mes.

   4. Gente hacendosa.

   5. ¿Es ésa una dirección?
   6. ¿Nos deja usted ya?

   — El ocio es pecado.
   — ¿Por qué no se queda aquí?
   — Ahí va el vagabundo con la casa a cuestas.
   — No comprenden que se pueda vivir bajo un puente.
   — ¿Quién me da la vez?
   — Se me ha pasado el tiempo volando.

2. **Dé los sinónimos de estas palabras de la historia**

   1. Pertenencias.
      Poses__ __ __ __ __.
   2. Despacio.
      S__n pri__ __.
   3. Remitan.
      Env__ __ __.

   4. Detalla.
      Concr__ __ __.
   5. Riachuelo.
      Arr__ __ __.

33

3. Lea a su compañero

A) El va▶ Severiano se ha puesto en una de las co▶ de la oficina de correos. A la es▶ lleva una a▶ mochila donde se en▶ todas sus pertenencias. Se va esta mañana de este pueblo, en cu▶ alrededores ha pasado casi un mes. Al▶ de l▶ que están en la oficina le son▶. Éste es un pueblo rico, de gente ha▶ y ru▶; gente que se aburre un poco, para l▶ c▶ la figura de un bo▶ que ni trabaja, ni come ni duerme a las horas de l▶ demás, resulta bastante sin▶. Una señora s▶ a▶ a Severiano.

B) «¿Qué, n▶ de▶ usted ya?». «Sí, señora, h▶ mis▶». «¿Volverá?». «Así l▶ es▶, como dentro de un p▶ de años». «¿Tan▶ tiempo?». «E▶ qu▶ el país es muy grande y yo via▶ des▶». Por fin le to▶ el tur▶ a Severiano, qu▶ dice al fun▶ que quiere dejar una di▶ donde le re▶ la correspondencia. «Has▶ el 30 de octubre», de▶, «mi dirección será: "ca▶ comarcal de Badajoz, número 124, kilómetro 84, ba▶"». «No com▶», arguye el funcionario. «¿É▶ e▶ una dirección?». «Y▶ l▶ cr▶. Es un puente so▶ un ria▶. Yo me hos▶ debajo».

4. Converse con su compañero

1. Hable de su estancia en algún pueblo. ¿Se aburrió? ¿Se le hacía demasiado largo el tiempo?
2. Hable de cuando volvió a algún pueblo o ciudad después de un puñado de años. ¿Qué cambios notó?
3. Hable de algún viaje que hiciera «a lo pobre».

5. Haga frases con los elementos dados

1. Se va del pueblo, en cuyos alrededores ha estado un mes.
   ...., en cuyos/cuyas ....
2. Algunos de los que están en la oficina le sonríen.
   Algunos de los que .... le ....
3. Gente para la cual un bohemio es una figura simpática.
   .... para la cual ....
4. Volveré como dentro de un par de años.
   ....ré .... como ....
5. Dice que quiere dejar una dirección donde le remitan la correspondencia.
   Dice que quiere .... le .... an/en
   ....

PASATIEMPOS

6. Rellene las casillas en blanco

VERBO	NOMBRE	ADJETIVO
	pertenencia	
	correspondencia	
carecer		
		confluyente
merecer		
estremecer		
construir		
complacer		

7. Resuelva estas adivinanzas

1. ALÍ Y SU PERRO CAN
   SE FUERON A TOMAR TÉ
   A LA CIUDAD QUE
   LE HE DICHO A USTED.

   — — — — — — — — —

2. SUBO LLENA
   Y BAJO VACÍA,
   SI NO ME APURO
   LA SOPA SE ENFRÍA.

   — — — — — — — — —

¡ESPERA HASTA MAÑANA!

Enrique López era un hombre de una labia extraordinaria que empleaba con mucho éxito en su negocio de compraventa de coches. Cuando otros competidores suyos se las veían y se las deseaban para salir adelante en aquel período de crisis económica por la que atravesaba el país, Enrique prosperaba. Nadie como él sabía encarecer las cualidades de un coche a la hora de venderlo, o de demostrar su deterioro a la hora de comprarlo.

Pero Enrique empleaba sus dotes de persuasión en todos los órdenes de la vida. Con su mujer tenía a veces largas discusiones en las que ella, que le conocía muy bien, se quejaba de que él trataba siempre de hacerle lo blanco negro.

Una noche Enrique llegó tan borracho a casa, que nada más cruzar el umbral, se cayó al suelo.

—¡Qué vergüenza! ¡Vienes como una cuba! —le increpó su mujer.

—Mañana, cuando esté sobrio —respondió aquél—, te demostraré que no he bebido ni una gota.

NOTAS

1. Diga con otras palabras las siguientes frases de la historia

1. De una labia extraordinaria.
   De una gran faci_ _ _ _ _ _ de pala_ _ _.
2. Se las veían y se las deseaban.
   Pasaban muchos apu_ _ _.
3. A la hora de venderlo.
   _l _ _ a vend_ _ _ _.
4. Se cayó al suelo.
   Se derru_ _ _.
5. ¡Vienes como una cuba!
   ¡Vay_ taja_ _ que tra_s!

2. Dé los sinónimos de estas palabras de la historia

1. Atravesaba.
   Pa_ _ _ _.
2. Prosperaba.
   Se enriqu_ _ _ _.
3. Encarecer.
   Encom_ _ _.
4. Deterioro.
   Mal est_ _ _.
5. Increpó.
   Repren_ _ _.
6. Sobrio.
   Sere_ _.

3. Lea a su compañero

A) Enrique López era un hombre de una la ▶ extraordinaria que em ▶ con mucho éxito en su negocio de com ▶ de coches. Cuando otros com ▶ suyos se l ▶ veían y se l ▶ de ▶ para salir a ▶ en aquel período de cri ▶ económica p ▶ la que atravesaba el p ▶, Enrique prosperaba. Na ▶ como él sabía en ▶ las cualidades de un coche a la ho ▶ de ven ▶, o de de ▶ su deterioro a la hora de com ▶. Pero Enrique empleaba sus do ▶ de persuasión en todos los ór ▶ de la vida.

B) Con su mujer tenía a veces lar ▶ dis ▶ en las que ella, que le co ▶ muy bien, se que ▶ de que él tra ▶ siempre de ha ▶ lo blanco negro. Una noche, Enrique llegó tan bo ▶ a casa, que na ▶ m ▶ cruzar el um ▶, se cayó al suelo. «¡Qué ver ▶! ¡Vienes como una cu ▶!», le increpó su mujer. «Mañana, cuan ▶ es ▶ sobrio», respondió aquél, «te de ▶ que no he bebido n ▶ u ▶ go ▶».

4. Converse con su compañero

1. ¿Le han vendido alguna vez algo «maravilloso» que luego resultó ser inútil?
2. ¿Se ha comprado alguna vez un coche de segunda mano? ¿Qué resultado le dio?
3. ¿En qué ocasión alguien ha tratado de «hacerle lo blanco negro»?

5. Haga una frase con cada una de estas expresiones de la historia

1. Vérselas y deseárselas.

   ....

2. Hacer lo blanco negro.

   ....

3. Salir adelante.

   ....

4. A la hora de.

   ....

5. Nada más...

   ....

PASATIEMPOS

6. ¿Qué letra falta en las siguientes expresiones sinónimas?

1. Se las veían y se las deseaban
2. Las pasaban can__tas
3. Las pasaban __oradas
4. Pasaban las de __aín
5. Hacían fili__ranas

para salir adelante.

7. Forme ocho compuestos como en el ejemplo

	bus	choques	venta	dura
para		parachoques		
bono				
compra				
cara				

	blanco	copia	venida	oscuro	bajo
claro					
alto					
bien					
rojo					
foto					

DESILUSIÓN

Nati se llevó una de las mayores sorpresas de su corta vida cuando, estando tocándose un diente que se le movía, se quedó con él entre los dedos. Se echó a llorar desconsoladamente y se fue a contarle su desgracia a su mamá. Ésta se echó a reír cariñosamente y explicó a Nati que todos los niños pierden los llamados «dientes de leche», pero que pronto les nacen otros más fuertes y definitivos.

Al poco tiempo Nati tenía la dentadura mellada, cosa que ya aceptaba como natural, pero todos los días preguntaba cuándo le iban a salir los nuevos dientes.

—Paciencia, Nati, no tardarán —le aseguraba su madre. Hasta que una mañana la señora vio a la niña sentada en su cama y llorando muy apenadamente.

—Nati, ¿qué te pasa?

—Que me está saliendo un diente —sollozó la niña.

—¡Pues qué bien! ¿No es eso lo que querías? A ver, enséñamelo.

La niña abrió la boca y se señaló en la encía superior.

—Es un diente muy bonito —elogió la madre—. Más bonito que el que perdiste.

—¡Pero no es de oro como los tuyos! —se quejó la niña.

1. Exprese lo mismo con palabras de la historia

   1. Se lo arrancó.
      Se .... con ...... entre ....
   2. Lo cual ya no le perturbaba.
      .... que .... como ....
   3. Ya falta poco.
      ....
   4. ¡Eso es estupendo!
      ¡............... qué ....!

2. Busque en la historia los antónimos de...

   1. Alborozadamente.
      ..../...............
   2. Felicidad.
      ....
   3. Provisionales.
      ....

   4. Rió.
      ....
   5. Criticó.
      ....

3. Lea a su compañero

A) Nati se lle▶ una de las mayores sor▶ de su corta vida cuando, es▶ tocándose un diente que se le mo▶, se quedó con él entre los dedos. Se e▶ a llorar des▶ y se fue a contarle su des▶ a su mamá. Ésta se echó a reír ca▶ y explicó a Nati que todos los niños pierden los «dien▶ de le▶», pero que pronto les na▶ otros más fuertes y de▶. Al poco tiempo Nati tenía toda la dentadura me▶, cosa que ya a▶ como natural, pero todos los días pre▶ cuándo le iban a sa▶ los nuevos dientes.

B) «Paciencia, Nati, no tar▶», le aseguraba su madre. Has▶ que una mañana, la señora vio a la niña sen▶ en su cama y llorando muy a▶. «Nati, ¿qué te pa▶?» «Que me está sa▶ un diente», so▶ la niña. «¡Pues qué bien! ¿No es e▶ lo que que▶? A ver, en▶». La niña a▶ la boca y se señaló en la en▶ superior. «Es un diente muy bonito», e▶ la madre. «Más bonito que el que per▶». «¡Pero no es de oro co▶ los tuyos!», se que▶ la niña.

4. Converse con su compañero

1. ¿Cómo reaccionó usted cuando le salieron los dientes de leche?
2. ¿Qué creencias fantásticas tenía en su infancia?
3. ¿Qué cosas le hacían sufrir?
4. ¿Qué cosas le hacían feliz?

5. Haga frases con los elementos dados

1. Se llevó una gran sorpresa.
   Se llevó ....
2. Un día, estando paseando por el parque, me pareció verlo.
   Un/a ...., estando ....,
   ....
3. Se echó a llorar.
   ....
4. Preguntaba cuándo le iban a salir los nuevos dientes.
   Pregun............ cuándo ....
5. Que me está saliendo un diente.
   Que ....

6. Forme los antónimos con *-des* o *-in,* según corresponda

consuelo	
constancia	
igualdad	
corrección	
conveniencia	
equilibrio	
estabilidad	
tolerancia	

7. En cada uno de los siguientes refranes hay una palabra equivocada. ¿Sabría dar la verdadera, cambiando sólo una letra?

1. AGUA PASADA NO MUEVE MOHINO.

2. CELOS CON CELOS SE DURAN.

3. CRÍA CUERVOS Y TE SACARÁN LOS AJOS.

En la calle y en el colegio Tino tenía fama de travieso. En compañía de otros chicos de la misma edad había sido autor de varias perrerías a vecinos del barrio. Entre éstas se contaba el haber mantenido una guerra a piedras con una banda rival, como resultado de la cual varios cristales de viviendas y comercios fueron hechos añicos. El padre de Tino cargó con la reposición de todos ellos. En otra ocasión los díscolos muchachos hicieron una fogata enorme a la salida del pueblo, pero entonces se levantó un fuerte viento que se llevó hacia aquél cenizas y ramas encendidas, sembrando la alarma entre la gente. Una mañana, estando la madre de Tino haciendo la compra en el mercado, se le acercó una señora con aire de pocos amigos.

—Su hijo me ha tirado una piedra el otro día, señora. ¡A ver si lo educan ustedes un poco mejor!

—¿Mi hijo? Usted perdone, señora, ¡cuánto lo siento! ¿Y qué le hizo? ¿Dónde le dio?

—No me llegó a dar.

—¡Ah, pues entonces no fue mi hijo! —respondió la madre de Tino con seguridad.

44

NOTAS

1. **Exprese con otras palabras estas frases de la historia**

   1. Había sido autor de varias perrerías.
      Había comet_ido_ _ varias tropel_l a s_. — _outrage/abuse of authority_
   2. Como resultado de la cual.
      En l_a_ qu_e_.
   3. Estando la madre de Tino haciendo la compra.
      Mien_t r a s_ la madre de Tino ha_c i a_ la compra.
   4. ¡A ver si lo educan ustedes un poco mejor!
      ¿No podr_i a n_ edu_c a r l e_ un poco mejor?

2. **Busque en la historia las palabras o frases más relacionadas con las siguientes**

   1. Era la piel del diablo.
      ..._travie_...so.
   2. Molestias y perjuicios. _damage harm_ _damages in legal st too._
      Pe_rrerías_...........
   3. Totalmente destrozados.
      ._añ_icos.
   4. Parecía muy enfadada.
      Con _aire_.... de _pocos_..... _amigos._

45

3. Lea a su compañero

A) En la calle y en el colegio Tino tenía fa▶ de tra▶. En com▶ de otros chicos de la mis▶ e▶ había sido autor de varias pe▶ a vecinos del ba▶. En▶ éstas se con▶ el ha▶ man▶ una guerra a piedras con una ban▶ rival, como re▶ de la cual varios cristales de vi▶ y co▶ fueron he▶ añicos. El padre de Tino car▶ con la re▶ de todos ellos. En otra ocasión, los dís▶ muchachos hicieron una fo▶ enorme a la sa▶ del pueblo, pero en▶ se le▶ un fuerte viento que se lle▶ hacia aquél ce▶ y ramas en▶, sembrando la a▶ entre la gente.

B) Una mañana, es▶ la madre de Tino ha▶ la com▶ en el mercado, s▶ l▶ acercó una señora con aire de po▶ a▶. «Su hijo me ha ti▶ una piedra el otro día, señora. ¡A v▶ si lo e▶ ustedes un poco mejor!». «¿Mi hijo? Usted per▶, señora, ¡cuánto l▶ sien▶! ¡Y qué l▶ hi▶? ¿Dónde l▶ d▶?» «No me lle▶ a dar». «¡Ah, p▶ en▶ no fue mi hijo!», res▶ la madre de Tino con to▶ se▶.

4. Converse con su compañero

1. ¿Qué travesuras recuerda de su infancia?
2. ¿Es natural que los niños sean traviesos?
3. ¿Se debe dejar a los niños que hagan lo que quieran?

5. Haga frases con los elementos dados

1. Entre sus perrerías se contaba el haber mantenido una guerra a piedras con una banda rival.
   Entre ....
   el haber ....
2. El viento se llevó ramas encendidas hacia el pueblo, sembrando la alarma entre la gente.
   ....,
   ....ndo ....
3. Estando la madre de Tino haciendo la compra, se le acercó una amiga.
   Estando ....,
   ....
4. Su hijo me ha tirado una piedra. ¡A ver si lo educan ustedes mejor!
   ....
   ¡A ver si ....!

ser gallito — show off:

6. Coloque los números correspondientes

crafty cunningly

1. Astuto. [4] Ser un gallina. *clucker*.
2. Listo. *clever* [6] Ser un gallito. *cockerel*.
3. Fea. *ugly* [2] Ser un águila. *eagle*.
4. Cobarde. *Coward* [1] Ser un zorro. *fox*
5. Prostituta. [3] Ser un loro. *parrot*
6. Dominante. [5] Ser una zorra. *Vixen bitch*.

7. Coloque los números correspondientes

1. Darse importancia.   ☐ Aire popular.
2. Al exterior.   ☐ Darse aires de marqués.
3. Parecerse.   ☐ Al aire libre.
4. Dárselas de muy señor.   ☐ Echar una cana al aire.
5. Canción o baile regional.   ☐ Darse muchos aires.
6. Darse una diversión ocasional.   ☐ Darse un aire a alguien.

COMPRENDA USTED

Silvia se despertó tras una encarnizada lucha consigo misma. Era como si le hubiesen estado dando golpes durante un rato, hasta lograr sacarla de un profundísimo sueño. Miró al despertador. Eran las 4,10 de la mañana. Desde el cuarto de estar llegaba monótona e insistentemente el timbre del teléfono. Eso es lo que le había cortado el sueño. Se incorporó, se calzó las zapatillas y, de un humor de perros, se dirigió al teléfono.

—¿Quién llama?

—Silvia, soy Eduardo.

—No conozco a ningún Eduardo, ni éstas son horas de llamar a nadie.

—¿No es el 7234810?

—Se ha equivocado usted en un número, señor, y me ha machacado el sueño.

—No sabe cuánto lo siento.

—No más que yo. Desde luego, a personas como usted no se les debería permitir tener teléfono.

—Exagera usted, señora; no quiere comprender.

—¿Qué tengo que comprender? ¡Insolente! Me despierta usted a las cuatro de la mañana, ¡y encima tengo que comprender!

—¡Claro, señora! Me he equivocado en un número tan sólo. Y además da la casualidad que se llama usted Silvia. ¿Qué culpa tengo yo de que se llame usted Silvia también?

NOTAS

1. Coloque los números correspondientes

1. Una encarnizada lucha consigo misma.	— ¿Quién será?
2. El timbre del teléfono.	— No parece su voz.
3. Un humor de perros.	— Es culpa suya por llamarse Silvia.
4. ¿Quién llama?	— ¡No hay derecho!
5. ¡Es usted un insolente!	— ¡Qué paliza!

2. Dé los sinónimos de estas palabras de la historia

1. Tras. Det__ __s de.	2. Encarnizada. Fer__z.
3. Lograr. Con__ __g__ir.	4. Se incorporó. Se lev__ __t__.

3. Lea a su compañero

A) Silvia se despertó tras una encarnizada lu▶ consigo misma. Era como si l ▶ hu ▶ estado dando golpes durante un ra▶, hasta lo▶ sacarla de un pro▶ sueño. Miró al des▶. Eran l▶ 4,10 de la mañana. Desde el cuar▶ de es▶ llegaba monótona e in▶ el timbre del teléfono. Eso es l▶ que l▶ había cortado el sue▶. Se in ▶, se calzó las za▶ y, de un hu▶ de perros, se dirigió al teléfono. «¿Qu▶ llama?». «Silvia, soy Eduardo». «No co▶ a nin▶ Eduardo, ni éstas son ho▶ de llamar a na▶». «¿No es el 7234810?».

B) «Se ha e▶ usted en un número, señor, y me ha ma▶ el sueño». «No sabe cuán▶ lo sien▶». «N▶ m▶ que yo. Desde lue▶, a personas como usted no se les de▶ permitir tener teléfono». «E▶ usted, señora; no quie▶ comprender». «¿Qu▶ tengo que comprender? ¡In▶! Me des▶ usted a las cuatro de la mañana, ¡y en▶ tengo que comprender!». «¡Cla▶, señora! M▶ h▶ equivocado en un número t ▶ sólo. Y además da la ca▶ que se llama usted Silvia tam▶. ¿Qué cul▶ tengo yo?».

4. Converse con su compañero

1. Cuente alguna llamada intempestiva que recibiera por teléfono.
2. ¿El teléfono es una ayuda o una complicación?
3. ¿Cuáles son sus hábitos de dormir? Cuente alguna anécdota relacionada con su sueño.

5. Haga frases con los elementos dados

1. Era como si le hubieran estado dando golpes hasta lograr despertarla.
   Era como si ....
2. Eso es lo que le había cortado el sueño.
   Eso es lo que .... había ....
3. No conozco a Eduardo, ni éstas son horas de llamar a nadie.
   No ...., ni ....
4. A usted no se le debería permitir tener teléfono.
   A .... debería ....
5. Da la casualidad que se llama usted Silvia también.
   Da la casualidad que ....

PASATIEMPOS

6. Rellene las casillas en blanco

ADJETIVO	VERBO
blanco	
negro	
ancho	
estrecho	
fuerte	
débil	
delgado	
rojo	

7. Complete estas expresiones con la palabra *perro* o derivados

1. LLEVA UNA VIDA DE ....=una vida muy dura.

2. EL NIÑO ESTÁ CON UNA ....=no para de llorar.

3. ME HAN HECHO UNA ....=mala jugada.

4. SER UN .... VIEJO=tener mucha experiencia.

5. ESTOY SIN UNA ....=sin dinero.

6. HACE UN DÍA DE ....=muy malo.

UNIFORME · MOLESTO

El vagabundo Severiano tenía amigos por todo el país. Llevaba muchos años de vida errante y, cuando volvía a un sitio, lo primero que hacía era visitar a los conocidos. A la gente le gustaba volver a ver a este hombre sin hogar, sin familia y sin trabajo y que, no obstante, era feliz. Algunos hasta le habían ofrecido trabajo más o menos permanente, si bien Severiano siempre lo rechazaba. El trabajar le ponía de mal humor, le alteraba los nervios...

Al parecer Severiano había trabajado una vez, cuando era muy joven. Por complacer a sus padres, había entrado de portero en un hotel de lujo. Vestido con un uniforme muy elegante, su labor consistía principalmente en abrir y cerrar las portezuelas de los coches para los señores clientes, acción por la cual normalmente recibía una buena propina en la mano libre. Aquél era un empleo muy codiciado y cuando Severiano lo dejó (a las pocas semanas), nadie pudo comprender la razón. Él sí lo tenía claro. Tenía que pasarse muchas horas de pie, sin moverse apenas de la puerta del hotel, lo cual le resultaba agotador. Pero lo que menos podía soportar era llevar aquel uniforme, especie de chaqué del siglo XIX. Dentro de aquella vestimenta se sentía subyugado y totalmente ridículo. Así que un día desapareció de su ciudad y se echó a recorrer el país, durmiendo bajo los puentes y en los bancos de los parques. Y así siguió hasta el fin de su vida.

NOTAS

1. Busque las frases de la historia que demuestran las siguientes

1. Severiano era un hombre sociable.
    .... a un ...., ...
    a ....
2. Podía haber cambiado de género de vida.
    .... o ....
3. En cierta ocasión no quiso disgustar a sus padre.
    ....
    ....
4. Decidió ser libre.
    .... a ....

2. Busque en la historia los antónimos de...

1. Sedentaria.   2. Provisional.
    ....
3. Aceptada.   4. Desagradar.
    ....
5. Descansado.   6. Libre.
    ....

3. **Lea a su compañero**

A) El va ▶ Severiano tenía amigos por todo el p ▶. Llevaba muchos años de vida e ▶ y, cuando volvía a un sitio, l ▶ pri ▶ que hacía era visitar a los co ▶. A la gen ▶ le gustaba vol ▶ a ver a este hombre sin ho ▶, sin familia y sin tra ▶ y que, n ▶ obs ▶, era feliz. Algunos has ▶ le habían o ▶ trabajo m ▶ o m ▶ permanente, si bien Severiano siempre lo re ▶. El tra ▶ le ponía de mal hu ▶, le al ▶ los nervios... A ▶ pa ▶ Severiano había trabajado una vez, cuando era muy joven. P ▶ complacer a sus padres, ha ▶ entrado d ▶ portero en un hotel de lu ▶. Ves ▶ con un uniforme muy elegante, su labor con ▶ principalmente en abrir y cerrar las por ▶ de los coches para los señores clien ▶, acción p ▶ l ▶ c ▶ normalmente re ▶ una buena prop ▶ en la mano libre.

B) Aquél era un em ▶ muy co ▶ y cuando Severiano lo dejó (a las po ▶ se ▶), nadie pu ▶ comprender la ra ▶. Él sí lo te ▶ cla ▶. Tenía que pa ▶ muchas horas d ▶ p ▶, sin mo ▶ apenas de la puerta del hotel, lo cual le re ▶ agotador. Pero lo que me ▶ podía so ▶ era llevar aquel uniforme, es ▶ de chaqué del siglo XIX. Dentro de aquella ves ▶ se sentía subyugado y totalmente ri ▶. A ▶ que un día des ▶ de su ciudad y s ▶ e ▶ a recorrer el país, dur ▶ bajo los puentes y en los ban ▶ de los parques. Y así si ▶ hasta el fin de su vida.

4. **Converse con su compañero**

1. ¿Es usted persona cumplidora con las amistades? ¿Las felicita en su cumpleaños, etc.?
2. ¿Qué tipo de vida le gustaría llevar?
3. ¿Qué cosas ha hecho por complacer a sus padres que a usted no le gustaban?

5. **Haga frases con los elementos dados**

1. Lo primero que hacía era visitar a los conocidos.
   Lo primero que ....
2. Al parecer Severiano había trabajado una vez.
   Al parecer ....
3. Por complacer a sus padres se había hecho portero de un hotel.
   Por complacer ....
   había ....
4. Lo que menos podía soportar era llevar aquel uniforme.
   Lo que menos ....

6. Rellene las casillas en blanco

VERBO	ADJETIVO
agotar	
trabajar	
complacer	
mover	
hablar	
descansar	
entretener	
esperar	

7. Complete los siguientes proverbios

1. CADA MAESTRILLO TIENE SU LI_ _ _ _ _ _.

2. COMIENDO ENTRA LA G_ _ _.

3. CUANDO EL DINERO HABLA, TODOS _ _ _ _ _ _.

¡VAYA TROMPA!

Fermín empieza a sentirse bastante mareado al llegar a la parada del autobús. «¡Pero qué burrada he debido beber esta noche!», se dice. Luego se ha bajado con mucha dificultad del autobús, pero lo malo es que no reconoce dónde se encuentra. «¡Me he equivocado de autobús!», exclama. Como no puede apenas tenerse en pie, se sienta en un banco público, a la espera de que pase alguien a quien preguntar dónde está su calle. Pero son las dos de la mañana y no se ve un alma. Por fin aparece una señora mayor que empuja un carrito cargado de cajas de cartón y otros desechos. «Oiga, por favor, ¿por dónde se va al paseo de Los Álamos?», le pregunta Fermín. Pero la mujer se aleja sin responder. «¡Idiota!», le grita aquél. «¡Borracho!», responde la mujer. Ahora se enciende una luz en un balcón de la fachada de enfrente; alguien se asoma. Al poco se abre una puerta cercana y un hombre se aproxima a Fermín, quien se incorpora haciendo un supremo esfuerzo e inquiere:

—¿Me puede usted decir dónde me encuentro, por favor?

—¡Vaya trompa que traes, hijo! —replica el otro.

NOTAS

1. Coloque los números correspondientes

1. Bastante mareado.	— ¡Qué merluza!
2. ¡Qué burrada!	— Soledad.
3. Tenerse en pie.	— Cuánto.
4. No se ve un alma.	— Todo me da vueltas.
5. ¡Vaya trompa!	— ¡Que me caigo!

2. Complete las siguientes expresiones de la historia

1. Em................ a.	2. Lle............ a.
3. Equi.................... de.	4. A la es............. d... que.
5. Car............. de.	6. Se a.................. a.

3. Lea a su compañero

A) Fermín empieza a sen▶ bastante mareado al llegar a la pa▶ del autobús. «¡Pero qué bu▶ he debido beber esta noche!», se dice. Lue▶ se
ha bajado con mucha di▶ del autobús, pero lo malo es que no re▶
dónde se en▶. «¡Me he e▶ de autobús!», ex▶. Como no puede a▶
tenerse en pie, se sienta en un ban▶ pú▶, a la espera de que pa▶
alguien a quien pre▶ dónde está su calle. Pero son las dos de la mañana y no se ve un al▶.

B) Por fin a▶ una señora ma▶ que empuja un ca▶ cargado de cajas de
car▶ y otros des▶. «Oi▶, por favor, ¿por dónde se va al pa▶ de Los
Álamos?», le pregunta Fermín. Pero la mujer se a▶ sin responder.
«¡Idiota!», le gri▶ aquél. «¡Bo▶!», responde la mujer. Ahora se en▶
una luz en un balcón de la fa▶ de en▶; alguien se a▶. Al poco se abre
una puerta cer▶ y un hombre se a▶ a Fermín, quien se in▶ haciendo
un su▶ esfuerzo e inquiere: «¿Me puede usted decir dónde me en▶,
por favor?» «¡Vaya trom▶ que traes, hijo», re▶ el otro.

4. Converse con su compañero

1. Hable de algún personaje extraño que se haya encontrado por la calle.
2. Hable del ambiente nocturno de una ciudad que conozca.
3. ¿El alcohol es comparable a las drogas?
4. ¿Qué, cómo y cuándo se bebe en su país? Diga si hay problemas de alcoholismo.

5. Haga frases con los elementos dados

1. Se sintió mareado al llegar a la parada.
   .... al ....r ....
2. Lo malo es que no reconoce dónde se encuentra.
   Lo malo es que ....
3. Se sienta en un banco a la espera de que pase alguien a quien preguntar.
   .... a la espera de que ....
   ....
4. La mujer se aleja sin responder.
   .... sin ....r ....
5. Al poco un hombre saluda a Fermín, quien se incorpora.
   Al poco ....

PASATIEMPOS

6. Coloque los números correspondientes

1. Paso entre dos calles por debajo de las casas. □ Paseo.
2. Carretera que rodea una ciudad. □ Travesía.
3. Calle ancha y de importancia. □ Pasaje.
4. Calle ancha con árboles. □ Rambla.
5. Calle corta que une otras dos. □ Avenida.
6. Calle con andén central (Cataluña). □ Bulevar.
  □ Gran Vía.
  □ Ronda.

7. Complete las siguientes expresiones con el verbo _ver_

1. DE BUEN .... = de aspecto sano o joven.

2. ESTAR MAL .... = socialmente inconveniente.

3. NI .... NI OÍDO = muy rápidamente.

4. LO NUNCA .... = asombroso.

5. SI TE HE ...., NO
   ME ACUERDO = comportarse con ingratitud.

6. .... VENIR = ser muy astuto.

Don Amancio Buendía, famoso por su sabiduría y por ser extremendamente distraído, caminaba una mañana a grandes zancadas por una calle de Valladolid. Llevaba una pesada cartera con libros y fichas, y se dirigía a la Facultad de Letras para dar sus diarias clases de latín, a las que no le gustaba llegar tarde. En esto una señora le paró.

—Profesor —le dijo—, ¿por qué camina usted tan aprisa?

—Porque tengo clase a las once y son ya menos diez.

—Entonces, tranquilo, profesor: son sólo las diez menos diez.

Don Amancio, que estaba acostumbrado a cometer despistes de aquel tipo, sonrió. Pero de pronto se le ensombreció el rostro.

—¡Cómo las diez menos cinco! —exclamó—. ¡Si tengo clase a las diez!

Unas horas después, aquella señora volvió a toparse con el profesor, que regresaba a casa.

—¿Qué, profesor? —le preguntó sonriente—. ¿Llegó usted puntual para la clase de las diez?

—Puntual, sí, pero no había alumnos.

—¿Por qué?

—¡Porque es mañana cuando tengo a las diez!

NOTAS

1. Exprese lo mismo con palabras de la historia

   1. Estar siempre abstraído en sus pensamientos.

   ....

   2. Se encaminaba.

   ....

   3. Volvía.

   ....

2. Busque en la historia los sinónimos de estas palabras

   1. Célebre.

   ....

   2. Andaba.

   ....

   3. Portaba.

   ....

   4. Habituado.

   ....

   5. Género.

   ....

   6. Nubló.

   ....

   7. Semblante.

   ....

   8. Tropezarse.

   ....

3. Lea a su compañero

A) Don Amancio Buendía, famoso por su sa ▶ y por ser ex ▶ distraído, caminaba una mañana a grandes zan ▶ por una calle de Valladolid. Llevaba una pes ▶ cartera con libros y fi ▶, y se dirigía a la Facultad de Le ▶ para dar sus diarias clases de latín, a las que no le gustaba lle ▶ tarde. En es ▶ una señora le pa ▶. «Profesor», le di ▶, «¿por qué camina usted tan a ▶?» «Porque tengo clase a las once y son ya me ▶ diez». «En ▶, tranquilo, profesor: son só ▶ las diez menos diez».

B) Don Amancio, que estaba a ▶ a cometer des ▶ de aquel tipo, son ▶. Pero de pronto se le en ▶ el rostro. «¡Có ▶ las diez menos cinco!», exclamó. «¡Si tengo clase a las diez!» U ▶ horas después, aquella señora volvió a to ▶ con el profesor, que re ▶ a casa. «¿Qué, profesor?», le preguntó son ▶. «¿Llegó usted pun ▶ pa ▶ la clase de las diez?» «Puntual, sí, pe ▶ no ha ▶ alumnos». «¿Por qué?» «¡Por ▶ es mañana cuan ▶ tengo clase a las diez!»

4. Converse con su compañero

1. Hable de alguna persona muy distraída que haya conocido.
2. Hable de algún profesor excéntrico que haya conocido.
3. Hable de algún gran despiste que haya cometido.
4. Dé su opinión del latín como asignatura. ¿Debería sustituirse por alguna disciplina más práctica?

5. Haga frases con los elementos dados

1. Era famoso por ser extremadamente distraído.
   ....
2. Eran clases a las que no le gustaba llegar tarde.
   Eran .... a las que ....
3. Estaba acostumbrado a cometer aquellos despistes.
   .... acostumbrado/a a ....r ....
4. ¡Cómo las diez menos cinco!
   ¡Cómo ....!
5. ¡Si tengo clase a las diez!
   ¡Si ....!

PASATIEMPOS

6. **Rellene las casillas en blanco**

NOMBRE	VERBO	ADJETIVO
sombra	ensombrecer	
	envenenar	
		pequeño
		viejo
vanidad		
ternura		
cana		
		caro

7. **Dé las respuestas a estas adivinanzas**

1. TE LA DIGO

   Y NO ME ENTIENDES,

   TE LA REPITO

   Y NO ME COMPRENDES.

   _ _ _ _

2. SIEMPRE QUIETAS,

   SIEMPRE QUIETAS,

   DURMIENDO DE DÍA,

   Y DE NOCHE DESPIERTAS.

   _ _ _ _ _ _ _ _ _

NO DURMIERON JUNTOS

Fidel, guía de turismo, llevaba treinta años en la profesión. Sabía mucho de arte y de historia, sobre todo de historia menuda. Sus explicaciones estaban llenas de anécdotas picantes o chocantes sobre grandes personajes; todo lo cual entusiasmaba a los turistas.

A Fidel le encantaba que sus clientes le hicieran preguntas, para todas las cuales tenía siempre contestación. Cuando aquéllos parecían demasiado pasivos, él cargaba las tintas para provocar asombro o incredulidad. El imponente palacio de los Condes de Ciudad Rodrigo era uno de los monumentos en que Fidel podía desplegar mejor sus dotes de amenidad. El palacio, que databa del siglo XVIII y estaba suntuosamente amueblado, había sido testigo de importantes acontecimientos históricos.

—Aquí, en esta cama —explicaba el guía una tarde a un grupo de turistas—, durmieron Casanova y la emperatriz Eugenia de Montijo.

—Imposible —le refutó una turista—. Casanova vivió en el siglo XVIII y la emperatriz vivió en el XIX.

—Así es, señora, pero yo no dije que durmieran «juntos».

NOTAS

1. **Diga con otras palabras las siguientes frases de la historia**

   1. Demasiado pasivos.
      Desin_ _r_ _ _dos.
   2. Cargaba las tintas.
      Ex_g_ _ _ _ _.
   3. Había sido testigo.
      Ha_ _a presen_ _ _do.
   4. Desplegar mejor.
      Luc_r.

2. **Busque en la historia las palabras más relacionadas con las siguientes**

   1. Tradición.   2. Impacto.
      His..............   Cho..................
   3. Brujo.   4. Peso.
      Enc..................   Car..............
   5. Fecha.   6. Colcha.
      Da..............   Ca.......
   7. Ronquido.   8. Unión.
      Dur..................   Ju..............

3. Lea a su compañero

A) Fidel, guía de turismo, lle▶ treinta años en la profesión. Sa▶ mucho de arte y de historia, so▶ to▶ de historia me▶. Sus ex▶ estaban llenas de anécdotas pi▶ o chocantes sobre grandes per▶; to▶ l▶ c▶ entusiasmaba a los turistas. A Fidel le encantaba que sus clientes le hi▶ preguntas, para t▶ l▶ cua▶ tenía siempre contestación. Cuando aquéllos pa▶ demasiado pa▶, él car▶ las tintas para provocar asombro o in▶. El im▶ palacio de los Condes de Ciudad Rodrigo era u▶ de los monumentos en que Fidel podía des▶ mejor sus do▶ de amenidad.

B) El palacio, que da▶ del siglo XVIII y estaba sun▶ amueblado, había sido tes▶ de importantes a▶ históricos. «Aquí, en esta cama», ex▶ el guía una tarde a un grupo de turistas, «dur▶ Casanova y la em▶ Eugenia de Montijo». «Imposible», le re▶ una turista, «Casanova vi▶ en el si▶ XVIII y la emperatriz vivió en el XIX». «A ▶ es, señora, pero yo no di▶ que dur▶ "juntos"».

4. Converse con su compañero

1. Hable de algún palacio, castillo, etc., de su país o región, donde haya tenido lugar algún acontecimiento histórico.
2. Cuente brevemente algún acontecimiento histórico relacionado con su país o región.
3. Cuando está de turismo en un sitio, ¿qué prefiere ver y cómo?

5. Haga frases con los elementos dados

1. Contaba anécdotas picantes, lo cual gustaba a los turistas.
   ....ba/ía ....,
   lo cual ....
2. Le encantaba que le hicieran preguntas, para todas las cuales tenía contestación.
   Le encantaba que le ....ran ....,
   ....
3. El palacio, que databa del siglo XVIII y estaba suntuosamente amueblado, había sido reconstruido.
   ...., que ....
   y ...., ...

6. Rellene las casillas en blanco

VERBO	NOMBRE
estimular	
absorber	
chocar	
picar	
preocupar	
intrigar	

7. Coloque los números correspondientes

1. Muy caro.
2. Insinceramente.
3. Sin armas defensivas.
4. A gritos.
5. Disciplinar.
6. Persona inestable.

☐ A pecho descubierto.
☐ A voz en cuello.
☐ Culo* de mal asiento.
☐ Hablar con la boca chica.
☐ Costar un ojo de la cara.
☐ Meter en cintura.

---

* Vulgarismo.

Vicente conducía a 100 kilómetros por hora por una carretera solitaria, cuando empezó a tirarle peligrosamente el volante. Logró dominar el coche y meterse en la cuneta. La rueda delantera derecha estaba pinchada y pronto Vicente se hallaba elevando el coche con el gato. Se encontraba ya encajando la rueda de repuesto, cuando por detrás se le acercó un joven que, rápidamente, se apoderó de las cuatro tuercas de la rueda. A continuación las fue tirando una a una al fondo de un río que pasaba paralelo al otro lado de la carretera. Luego echó a correr dando grandes carcajadas y se metió por una verja, sobre la que se leía: MANICOMIO. No había salido Vicente de su asombro, cuando otro individuo procedente de allí se le aproximó, le saludó muy cortésmente y se interesó por su problema. Era éste un hombre gordito, bien trajeado y de modales muy agradables.

—Esto se lo soluciono yo en un periquete —le aseguró el recién llegado.

—¿Cómo? —le preguntó Vicente entre incrédulo y desconfiado.

El otro sonrió enigmáticamente y agarró la manivela. Pronto había desenroscado una tuerca de cada una de las otras tres ruedas, y con esas tres tuercas fijó la de repuesto. Maravillado, Vicente le preguntó:

—¿Pero cómo está usted en un sitio como éste, amigo?

—Porque estoy por loco, no por tonto, señor.

1. **Diga con otras palabras las siguientes frases de la historia**

   1. Logró dominar.
      Consig__ __ __ hac__r__ __ con.
   2. Se encontraba ya encajado.
      Est__ __ __ ya colo__ __ __ __ __ __.
   3. Otro individuo procedente de allí.
      Otro tip__ que sal__ __ de allí.
   4. Bien trajeado.
      Eleg__ __ __ __.
   5. Lo soluciono yo en un periquete.
      Lo arre__ __ __ yo en un santi__ __ __ __.

2. **Coloque los números correspondientes**

1. Peligrosamente.	__ ¡Qué divertido!
2. Dominar.	__ Subir.
3. Pinchada.	__ ¡Cuidado!
4. Carretera.	__ Hacerse con.
5. Gato.	__ Aire.
6. ¡Carcajada!	__ Tornillo.
7. Enigmáticamente.	__ Puente.
8. Tuerca.	__ Misterio.

3. Lea a su compañero

A) Vicente con ▶ a 100 kilómetros por hora p ▶ una carretera so ▶ cuando empezó a ti ▶ peligrosamente el vo ▶. Logró do ▶ el coche y meterse en la cu ▶. La rueda de ▶ derecha estaba pin ▶ y pronto Vicente se ha ▶ elevando el coche con el ga ▶. Se en ▶ ya en ▶ la rueda de re ▶, cuando por de ▶ se le acercó un joven que, rápidamente, se a ▶ de las cuatro tuer ▶ de la rueda. A con ▶ las fue tirando u ▶ a u ▶ al fon ▶ de un río que pasaba pa ▶ al otro lado de la carretera. Luego e ▶ a co ▶ dando grandes car ▶ y se metió por una ver ▶, sobre la que se leía: MA ▶.

B) No ha ▶ salido Vicente de su a ▶, cuando otro individuo pro ▶ de allí se le a ▶, le saludó muy cor ▶ y se in ▶ por su problema. Era éste un hombre gordito, bien tra ▶ y de modales muy a ▶. «Esto se lo so ▶ yo en un periquete», le a ▶ el recién llegado. «¿Cómo?», le preguntó Vicente entre in ▶ y des ▶. El otro sonrió enigmáticamente y a ▶ la manivela. Pronto ha ▶ de ▶ una tuerca de ca ▶ u ▶ de las otras tres ruedas, y con esas tres tuercas fi ▶ la de repuesto. Ma ▶, Vicente le preguntó: «¿Pero có ▶ está usted en un si ▶ como éste, amigo?» «Por ▶ estoy por lo ▶, no por ton ▶, señor».

4. Converse con su compañero

1. Cuente algún percance que le haya pasado en carretera.
2. ¿Qué tal se le da arreglar las averías de coche?
3. ¿Qué le parece la solución que el hombre gordito le da a Vicente?

5. Haga frases con los elementos dados

1. Conducía a 100 kilómetros por hora cuando empezó a tirarle el volante.
   ....ía/aba .... cuando
   ....
2. Las fue tirando al fondo de un río que pasaba paralelo a la carretera.
   Las/Los fue...............ndo ....
   que ....
3. Echó a correr dando grandes carcajadas.
   Echó a ....
4. No había salido Vicente de su asombro, cuando otro individuo se le aproximó.
   No había ...., cuando ....
   ....

PASATIEMPOS

6. ¿Para qué sirven los siguientes objetos? Coloque los números correspondientes

1. Una baca.	☐ Para alzar un coche.
2. Un gato.	☐ Para caminar.
3. Un pulpo.	☐ Para alumbrar.
4. Un caballete.	☐ Para llevar equipaje, etc.
5. Una palomilla.	☐ Para saltar.
6. Una mariposa.	☐ Para atornillar.
7. Una muleta.	☐ Para sujetar equipaje, etc.
8. Un potro.	☐ Para pintar, etc.

7. Complete los siguientes proverbios

1. A CABALLO REGALADO NO LE MIRES EL D＿ ＿ ＿ ＿ ＿.

2. EL B＿ ＿ ＿ SOLO BIEN SE LAME.

3. MÁS VALE PÁJARO EN ＿ ＿ ＿ ＿ QUE CIENTO VOLANDO.

¡QUÉ MALA SOMBRA!

Poco después de casarse por quinta vez, Sara Berenguer tuvo que ocuparse de la organización del casamiento de Sarita, la mayor de sus hijas e hijos, que eran de todos sus matrimonios. Sarita era la primera de todos ellos que contraía matrimonio, por lo que su madre estaba muy nerviosa.

El primero y el cuarto marido de Sara la habían dejado viuda. Con el segundo y el tercero se había llevado muy mal y la unión acabó en divorcio. Ahora Sara llevaba seis meses casada con su quinto marido y, de momento, el nuevo intento parecía marchar bien.

La boda de Sarita se montó como un gran acontecimiento social, como correspondía al destacado lugar que tanto la familia del novio como la de la novia ocupaban en la sociedad local. La comida servida a los invitados fue fastuosa y el remate de ésta, la tarta de bodas tradicional, sentó precedente por su artística forma y monumentalidad. Sarita se puso tan nerviosa al ir a cortarla que un gran trozo le cayó sobre el blanco vestido de novia, poniéndoselo hecho una pena. Ante lo cual la madre, que estaba sentada a su lado, se lamentó: «¡Qué mala sombra, éste vestido ha quedado inutilizable!»

NOTAS

1. **Diga con otras palabras las siguientes frases de la historia**

   1. Contraía matrimonio.
      S__ cas__ __ __.
   2. La habían dejado viuda.
      Ha__ __ __ __ m__ __ __to.
   3. Destacado lugar.
      Elev__ __ __ pos__ __ __ó__.
   4. Sentó precedente.
      Hi__ __ hist__ __i__.
   5. Hecho una pena.
      Tod__ perdi__ __.

2. **Busque en la historia los sinónimos de...**

   1. Tranquila.   2. Esposo.
      ....
   3. Ir.   4. Suceso.
      ....

3. Lea a su compañero

A) Poco después de casarse p ► quin ► vez, Sara Berenguer tu ► que o ►
de la organización del ca ► de Sarita, la ma ► de sus hijas e hijos, qu ►
eran de todos sus ma ►. Sarita era la primera de todos ellos que con ►
matrimonio, p ► l ► qu ► su madre estaba muy nerviosa. El primero y
el cuarto marido de Sara la ha ► de ► viuda. Con el segundo y el
tercero se ha ► lle ► muy mal y la unión a ► en divorcio. Ahora Sara
lle ► seis meses ca ► con su quinto marido y, d ► mo ►, el nuevo in ►
parecía marchar bien.

B) La bo ► de Sarita se mon ► como un gran a ► social, como co ► al
des ► lugar que tan ► la familia del novio, c ► l ► d ► la novia ocupaban en la so ► local. La comida ser ► a los invitados fue fastuosa y el
remate de ésta, la tar ► de bodas tradicional, sen ► precedente por su
ar ► forma y monumentalidad. Sarita se puso tan ner ► al ir a cor ►
que un gran tro ► le cayó sobre el blanco ves ► de novia, po ► hecho
una pe ►. An ► lo cual la madre, que estaba sentada a s ► la ►, se
lamentó: «¡Qué ma ► som ►, este vestido ha que ► inutilizable!».

4. Converse con su compañero

1. ¿Qué opina de que las mujeres se casen con vestido blanco?
2. Si está o ha estado usted casado, ¿qué recuerda especialmente de la
   ceremonia de su primera boda?
3. ¿Qué le parece el matrimonio como institución social?

5. Haga frases con los elementos dados

1. Sarita era la primera de sus hijas que se casaba, por lo que Sara estaba
   muy nerviosa.
   ....,
   por lo que ....
2. Sara llevaba seis meses casada y todo parecía ir bien.
   .... llevaba ....
3. La tarta sentó precedente por su monumentalidad.
   .... precedente ....
4. Sarita se puso tan nerviosa al ir a cortar la tarta que un gran trozo
   le cayó sobre el vestido.
   .... se puso tan nervioso/a al ....
   .... que ....

74

6. Rellene las casillas en blanco

ADJETIVO	NOMBRE
sinuoso	
fastuoso	
virtuoso	
incestuoso	
respetuoso	
tortuoso	
estruendoso	

7. Complete y resuelva estas adivinanzas

1. DOS COMPAÑERAS

   VAN AL COMPÁS

   CON LOS PIES D__ __ __ __ __ __

   Y LOS O__ __ __ DETRÁS.

   __ __ __ __ __ __ __ __ __ __

2. POR UN CAM__ __ __ __ __ OSCURO

   VA CAMINANDO AQUEL BICHO,

   UN BICHO QUE YA TE HE D__ __ __ __.

   __ __ __ __ __ __

La mujer y los hijos de Álvaro Ferrín se habían ido al pueblo a pasar unos días con la abuela. Álvaro se había quedado solo y la mayor parte del día se la pasaba en su trabajo. Era técnico de sonido en una emisora de radio. En una ocasión como aquélla, hacía dos años, unos ladrones habían entrado en el piso y se habían llevado algunas cosas de valor. Dejaron además la vivienda como un campo de batalla. Por eso, ahora, Álvaro había colocado un sobre en la consola del vestíbulo, en cuyo exterior se leía: «Sres. cacos». Dentro había metido veinte billetes de mil pesetas y una nota con el siguiente ruego: «Por favor, llévense este aguinaldo y no me desordenen el piso; no van a encontrar nada de valor».

Una de aquellas noches, al volver a casa, Álvaro se encontró con que los ladrones habían vuelto a entrar. La puerta había sido forzada y todas las luces estaban encendidas. Su primera mirada fue para el sobre. Había desaparecido y en su lugar se encontraba una nota que decía: «Muchas gracias por la atención. Le dejamos el piso intacto, pero es usted bastante roñica».

NOTAS

1. **Busque en la historia las frases que más se relacionan con las siguientes**

   1. Estaba fuera casi todo el día.
      ...... mayor .... día .... en su ....
   2. Le habían robado una vez.
      .... habían .... el ....
   3. Hizo un ruego a los posibles ladrones.
      ...... me ....
   4. Los ladrones se comportaron civilizadamente.
      Le .... el .... intacto.
   5. Los ladrones tenían sentido del humor.
      .... bastante ....

2. **Dé los sinónimos de estas palabras de la historia**

   1. Ido.
      March__ __ __.
   2. Solo.
      Acom__ __ __ __ __ __.
   3. Cosas.
      Obj__ __ __s.
   4. Colocado
      Pu__ __t__.
   5. Ruego.
      Peti__ __ __ __.
   6. Aguinaldo.
      Prop__ __ __.
   7. Volver.
      Regr__ __ __ __.
   8. Roñica.
      Agarr__ __ __.

3. **Lea a su compañero**

   A) La mujer y los hijos de Álvaro Ferrín se ha► i► al pueblo a pasar u►
   días con la a►. Álvaro se ha► que► solo y la ma► parte del día se la
   pa► en su trabajo. Era téc► de sonido en una e► de radio. En u►
   o► como aquélla, ha► dos años, unos la► habían en► en el piso y se
   habían llevado al► cosas de va►. Dejaron a► la vivienda como un
   cam► de ba►. P► e►, ahora, Álvaro había co► un sobre en la
   con► del vestíbulo, en cu► exterior se leía: «Sres. ca►».

   B) Den► había me► veinte billetes de mil pesetas y una no► con el
   siguiente rue►: «Por favor, llé► este aguinaldo y no me des► el piso;
   no v► a en► nada de valor». U► de aquellas noches, al vol► a casa,
   Álvaro se encontró c► qu► los ladrones habían vuel► a en►. La
   puerta había sido for► y todas las lu► estaban en►. Su primera mi►
   fue para el sobre. Había des► y en su lu► se en► una nota que decía:
   «Muchas gracias p► la a►. Le dejamos el pi► in►, pero es usted
   bas► ro►».

4. **Converse con su compañero**

   1. Cuente si alguna vez le han robado.
   2. Diga qué piensa de la medida que tomó Álvaro Ferrín.
   3. Hable del tipo de delincuencia que más se da en su país o región.

5. **Haga frases con los elementos dados**

   1. Álvaro se había quedado solo y la mayor parte del día se la pasaba en
   su trabajo.
   .... se había ....
   y ....aba/ía ....
   2. No me desordenen el piso; no van a encontrar nada de valor.
   No ....en/an ....; no ....
   ....
   3. Se encontró con que habían vuelto a entrar en el piso.
   Se encontró con que ....
   4. El sobre había desaparecido y en su lugar había una nota que decía:
   «Muchas gracias».
   .... había ....
   y en su lugar ....

6. Rellene las casillas en blanco con la palabra adecuada

VERBO	NOMBRE
mirar	mirada
visitar	
tomar	
bajar	
obrar	
llamar	
disputar	

7. Complete la palabra que falta en estos proverbios

1. CREE EL LADRÓN QUE TODOS SON DE SU CON_ _ _ _ _ _ _.

2. EL QUE ROBA A UN LADRÓN TIENE CIEN AÑOS DE P_ _ _ _ _ _.

3. DE NOCHE, TODOS LOS G_ _ _ _ _ SON PARDOS.

Cuando se es una persona muy despistada se puede uno meter en aprietos sin querer, aunque todo suele quedar en una anécdota divertida cuando el despistado comete sus picias con personas que le quieren y admiran.

Así, afortunadamente, le sucedió un día al famoso profesor de latín de la universidad de Valladolid, don Amancio Buendía. Se encontraba éste haciendo cola en la Caja de Ahorros regional cuando un joven le saludó afectuosamente.

—¡Hola, Amancio, qué tal!

—¡Hola!

El profesor había respondido con rapidez y afabilidad, pero por más que miraba a aquel muchacho, no caía en quién podía ser. Sólo estaba seguro de que era alguien a quien había visto y veía con frecuencia. Finalmente, como es propio de un estudioso dedicado a buscar la verdad por encima de todo, don Amancio preguntó con toda franqueza:

—Bueno, ¿pero tú quién eres?

—Soy Antonio —sonrió el otro.

—¿Qué Antonio?

—Tu cuñado.

La luz del reconocimiento brilló en el rostro del profesor.

—¡Ah, claro, el hermano de mi mujer! Perdona, chico...

NOTAS

1. **Coloque los números correspondientes**

   1. Se puede uno meter en aprietos.   ___ Preguntar es de sabios.
   2. Comete sus picias.   ___ Metedura de pata.
   3. No caía en quién podía ser.   ___ ¿Qué hago ahora?
   4. La verdad por encima de todo.   ___ Su cara me suena.

2. **Complete las siguientes expresiones de la historia**

   1. Me.......... en.   2. Que.......... en.
   3. Por m....... que.   4. No c........... en.
   5. Se............ de que.   6. Pro........... de.
   7. Dedi.............. a,   8. Por en............. de.

3. **Lea a su compañero**

A) Cuando s ▶ e ▶ una persona muy despistada s ▶ puede u ▶ meter en aprietos s ▶ querer, aunque todo sue ▶ quedar en una a ▶ divertida cuando el despistado co ▶ sus picias con personas que le quieren y ad ▶. Así, a ▶, le su ▶ un día al famoso profesor de latín de la universidad de Valladolid, don Amancio Buendía. Se en ▶ éste ha ▶ cola en la Ca ▶ de A ▶ regional cuando un joven le saludó a ▶. «¡Hola, Amancio, qu ▶ t ▶!». «¡Hola!».

B) El profesor había res ▶ con rapidez y a ▶, pero por más que miraba a aquel mu ▶, no caía en quién po ▶ s ▶. Sólo estaba seguro de que era al ▶ a quien ha ▶ visto y v ▶ con frecuencia. Fi ▶, como es propio de un es ▶ dedicado a bus ▶ la verdad por en ▶ de todo, don Amancio preguntó con toda fran ▶: «Bue ▶, ¿pero tú quién eres?». «Soy Antonio», son ▶ el otro. «¿Qué Antonio?» «Tu cu ▶». La luz del re ▶ brilló en el ros ▶ del profesor. «¡Ah, cla ▶, el hermano de mi mujer! Perdona, chico...».

4. **Converse con su compañero**

1. Cuente algún despiste cometido por usted o algún conocido suyo.
2. ¿Qué tal se le da recordar los nombres de las personas que le presentan? ¿Y las caras?
3. Hable de algún profesor distraído que haya tenido.

5. **Haga frases con los elementos dados**

1. Se encontraba durmiendo cuando sonó el teléfono.
   Se encontraba .... cuando ....
2. No caía en quién podía ser.
   No caía ....
3. Era alguien a quien había visto antes.
   Era alguien .... quien ....
4. Como es propio de un estudioso dedicado a buscar la verdad, don Amancio preguntó.
   Como es propio de ....,
   ....

PASATIEMPOS

6. Coloque los números que correspondan

1. Adular.
2. Hacer los primeros progresos.
3. Aparentar.
4. Faltar a la escuela.
5. Hacer como que no se sabe una cosa.

☐ Hacer novillos.
☐ Hacer el paripé.
☐ Hacer la pelotilla.
☐ Hacer pinitos.
☐ Hacer la vista gorda.

7. Complete estas expresiones con el nombre de una parte del cuerpo

1. METER LAS N__ __ __ __ __ __   = curiosear.

2. METER A ALGUIEN LOS D__ __ __ __
   EN LA BOCA.   = sonsacar.

3. METER M__ __ __ A ALGUIEN   = buscar una posible cul-
                                      pabilidad.

4. METER LA P__ __ __   = cometer una indiscreción
                                      o una torpeza.

5. METER EN UN P__ __ __ A ALGUIEN = dominar.

Reencuentro

Don Amancio Buendía no podía pasar sin su diaria partida de billar en el Círculo de Bellas Artes. A un sabio distraído como él este entretenimiento le venía muy bien para despejar la mente y ejercitar el cuerpo. Con el tiempo, don Amancio había llegado a hacerse bastante diestro en este juego, por lo que estaba entre los doce mejores billaristas de Valladolid. Cuando conseguía ciertas carambolas difíciles, disfrutaba como con pocas cosas de la vida. Y sufría lo indecible cuando aquéllas no le salían.

Acababa de terminar en cierta ocasión una de aquellas emocionantes partidas cuando se le aproximó un hombre todo sonriente y los brazos abiertos. Era un hombre de su misma edad, unos cuarenta y cinco años.

—¡Amancio, qué alegría!

—¡Esteban, tú por aquí, qué sorpresa!

Los dos hombres se abrazaron calurosamente. Era evidente que se tenían un gran afecto.

—Creo que estás hecho un gran sabio distraído —comentó jovialmente Esteban.

—Bueno, lo de distraído, sí, bastante; lo de sabio, no tanto... ¿Y tú cómo estás? ¿Cómo te va?

—He vuelto hace una semana. Ya me quedo aquí para siempre.

—¡Pero, cómo! ¿Te habías ido?

Esteban soltó una carcajada.

—Sí, hombre, a Méjico, con mis padres. ¡Hace treinta años!

NOTAS

1. Diga con otras palabras las siguientes frases de la historia

1. Le venía muy bien.
   Le e__ __ muy conve__ __ __ __ __ __ __.
2. Sufría lo indecible.
   Pad__ __ __ __ enor__ __ __ __nte.
3.· Aquéllas no le salían.
   L__s fall__ __ __.
4. Era evidente que se tenían un gran afecto.
   Est__ __ __ clar__ que e__ __ __ muy buenos am__ __ __ __ __.
5. ¿Cómo te va?
   ¿Qué e__ d__ t__ vid__a?

2. Coloque los números correspondientes

1. Despejar.	__ Pensamiento.
2. Mente.	__ Afabilidad.
3. Diestro.	__ Tino.
4. Carambolas.	__ Habilidad.
5. Jovialmente.	__ Claridad.

85

3. Lea a su compañero

A) Don Amancio Buendía no podía pa ▶ sin su diaria par ▶ de billar en el Cír ▶ de Bellas Artes. A un sa ▶ distraído como él este en ▶ le venía muy bien para des ▶ la mente y e ▶ el cuerpo. Con el tiempo, don Amancio ha ▶ lle ▶ a hacerse bastante dies ▶ en este juego, por lo que estaba en ▶ los doce me ▶ billaristas de Valladolid. Cuando con ▶ ciertas ca ▶ difíciles, dis ▶ como con pocas co ▶ de la vida. Y sufría lo in ▶ cuando aquéllas no le sa ▶. A ▶ de terminar en cier ▶ ocasión una de aquellas e ▶ partidas cuando se le a ▶ un hombre todo son ▶ y los brazos abiertos. E ▶ un hombre como de su misma e ▶, u ▶ cuarenta y cinco años.

B) «¡Amancio, qué a ▶!» «Esteban, tú por a ▶, qué sor ▶!». Los dos hombres se abrazaron ca ▶. Era e ▶ que se tenían un gran a ▶. «Creo que estás he ▶ un gran sabio dis ▶», co ▶ jovialmente Esteban. «Bue ▶, lo de distraído, sí, bas ▶; lo de sabio, no tan ▶... ¿Y tú co ▶ es ▶? ¿Có ▶ t ▶ va?» «He vuel ▶ hace una semana. Y ▶ me quedo a ▶ para siempre». «¡Pe ▶ có ▶! ¿T ▶ ha ▶ ido?» Esteban sol ▶ una car ▶. «Sí, hom ▶, a Mé ▶, con m ▶ padres. ¡Ha ▶ treinta años!»

4. Converse con su compañero

1. Hable de algún pasatiempo o deporte que le distraiga de modo especial.
2. Cuente algún caso en que no recordaba quién era la persona que le saludaba.
3. Hable del reencuentro con un antiguo amigo de la infancia.

5. Haga frases con los elementos dados

1. Había llegado a hacerse bastante diestro, por lo que figuraba entre los doce mejores jugadores.
   Había llegado a ...., por lo que
   ....
2. Acababa de terminar una partida cuando se le aproximó un desconocido.
   Acababa de .... cuando ....
   ....
3. Era evidente que se tenían un gran afecto.
   Era evidente que ....

PASATIEMPOS

6. Haga una frase con cada uno de estos homónimos

1. Aprendieron ....
   Aprehendieron ....

2. Aya ....
   Haya ....

3. Baca ....
   Vaca ....

4. Bello ....
   Vello ....

7. Coloque las letras que faltan en estas expresiones

1. PASAR DE L _ _ _ _ = pasar sin pararse.

2. PASAR POR A _ _ _ = no mencionar.

3. PASARLO EN GR _ _ _ _ = pasarlo muy bien.

4. PASARSE DE LA RA _ _ = excederse.

MAL OLOR

José Luis recogía a su hija Nati del colegio todas las tardes. Camino de casa, bajaban siempre por la misma calle y se paraban ante una pequeña tienda donde el padre compraba a la niña alguna golosina.

Aquella tarde, José Luis y Nati caminaban por la acera cuando observaron una improvisada valla, situada un poco más adelante. Detrás de ella había unos hombres trabajando y, conforme se acercaban, padre e hija notaron un fuerte y desagradable olor que salía de un ancho hoyo.

—Nati, hija, contén la respiración mientras pasamos por aquí, que este olor a gas es muy malo para los pulmones.

Cuando ya llegaban frente a la tienda de golosinas, la niña se paró. Tenía la cara morada y los ojos inyectados, y dijo con dificultad:

—¡Ya no puedo más, papá!

José Luis la miró asombrado y luego volvió la cabeza. Allá lejos, en todo lo alto de la cuesta se veía la valla de la obra del gas.

—¿No has respirado en todo el tiempo, Nati?

—No, papá, eso es lo que me dijiste.

1. **Busque en la historia las frases más relacionadas con éstas**

    1. ¿Me da un helado de chocolate?
       .... compraba .... alguna ....
    2. ¿Qué es eso?
       .... valla.
    3. Pero... ¿será posible?
       ¿...... has .... todo ...., ...?

2. **Dé los sinónimos de estas palabras de la historia**

    1. Situada.   2. Acercaban.
       Colo_ _ _ _.   Aprox_ _ _ _ _ _.
    3. Notaron.   4. Contén.
       Obser_ _ _ _ _.   Agu_ _ _a.
    5. Paró.   6. Asombrado.
       Det_ _ _.   Ató_ _ _ _.

3. Lea a su compañero

A) José Luis re ▶ a su hija Nati del co ▶ todas las tardes. Ca ▶ de casa, ba ▶ siempre por la mis ▶ calle y se paraban an ▶ una pequeña tienda don ▶ el padre com ▶ a la niña al ▶ go ▶. Aquella tarde, José Luis y Nati ca ▶ por la a ▶ cuando observaron una im ▶ valla, situada un poco m ▶ a ▶. Detrás de ella ha ▶ un ▶ hombres trabajando y, con ▶ se acercaban, padre e hija notaron un fuerte y des ▶ o ▶ a gas que salía de un ancho ho ▶.

B) «Nati, hija, contén la res ▶ mientras p ▶ p ▶ aquí, que este olor a gas es muy malo p ▶ los pul ▶». Cuando ya lle ▶ fren ▶ a la tienda de golosinas, la niña s ▶ pa ▶. Tenía la cara mo ▶ y los ojos in ▶, y dijo con di ▶: «¡Y ▶ no puedo m ▶, papá!» José Luis l ▶ mi ▶ asombrado y luego volvió la cabeza. A ▶ le ▶, en t ▶ l ▶ alto de la cues ▶ se veía la valla de la o ▶ del gas. «¿No has res ▶ en todo el tiempo, Nati?» «No, papá, e ▶ es l ▶ qu ▶ me dijiste».

4. Converse con su compañero

1. ¿Qué recuerdos tiene de su primer colegio?
2. ¿Mantiene la amistad con algún compañero de su primer colegio?
3. ¿Mandaría a aquel colegio a sus propios hijos?

5. Haga frases con los elementos dados

1. Camino de casa, bajaban siempre por la misma calle.
   Camino de ...., ...
2. Caminaban por la acera cuando observaron una valla.
   ....ban/ían .... cuando ....
   ....
3. Conforme se acercaban, notaron un fuerte olor a gas.
   Conforme ....ban/ían, ...
4. Contén la respiración mientras pasamos por aquí.
   ....a/e .... mientras ....

90

PASATIEMPOS

6. Haga una frase con cada uno de estos homónimos

1. Vaya ....

   Valla ....

2. Grabar ....

   Gravar ....

3. Rallar ....

   Rayar ....

4. Rebelar ....

   Revelar ....

7. Coloque los números que correspondan

1. El caballo   ☐   Bala.
2. La cabra   ☐   Gruñe.
3. EL cerdo   ☐   Relincha.
4. La cigarra   ☐   Canta.
5. La culebra   ☐   Silba.
6. El cordero

Todos los hijos de doña Casilda se habían independizado y ella, viuda desde hacía muchos años, vivía ahora sola. Tenía amigas en otros pisos de la casa y en otras casas de la calle, y tenía familiares y amigos en otros barrios de la ciudad, pero a pesar de todo se sentía a menudo sola. La televisión ciertamente la distraía mucho, pero ella tenía necesidad de hablar. Hablaba mucho a su gato y a su alegre jilguero, pero ninguno de los dos le respondía. Así que determinó comprarse un loro, un compañero capaz de hablar de verdad.

Se pasó una mañana entera en la mejor tienda de pájaros de la ciudad. Observó y habló con todos los loros que allí había y, por fin, se quedó con uno, el más locuaz. A su lado había otro que se había negado en redondo a hablar a doña Casilda.

—Oiga, por curiosidad —quiso saber aquélla—, ¿para qué quieren ustedes aquí un loro que no habla ni una palabra?

El dependiente sonrió con suficiencia.

—Señora, este loro habla todavía más que el que usted se lleva, pero hay que dirigirse a él en inglés. Es su idioma nativo.

NOTAS

1. **Complete las siguientes expresiones de la historia**

1. A pe........... de.
2. Ca........... de.
3. De ver...........
4. Por ....
5. Se que....... con.
6. Por cu.......................
7. Con su...........................
8. Di..................... a.

2. **Dé los sinónimos de estas palabras de la historia**

1. Independizado.
   Eman__ __ __ __ __ __.
2. Familiares.
   Deu__ __ __.
3. Determinó.
   Decid__ __.
4. Entera.
   Compl__ __ __.
5. Locuaz.
   Parlan__ __ __ __.
6. En redondo.
   Rotun__ __ __ __ __ __ __.

3. **Lea a su compañero**

A) Todos los hijos de doña Casilda s ▶ ha ▶ in ▶ y ella, viuda desde h ▶ muchos años, vivía ahora sola. Te ▶ amigas en otros pi ▶ de la casa y en otras ca ▶ de la ca ▶, pero a pe ▶ de todo se sentía a me ▶ sola. La televisión cier ▶ la dis ▶ mucho, pero ella tenía ne ▶ de hablar. Ha ▶ mucho a su gato y a su alegre jil ▶, pero nin ▶ de los dos le respondía. A ▶ que determinó comprarse un lo ▶, un compañero ca ▶ de hablar d ▶ ver ▶.

B) Se pasó una mañana entera en la m ▶ tienda de pá ▶ de la ciudad. Ob ▶ y habló con todos los loros que allí ha ▶ y, p ▶ f ▶, se quedó con uno, el más locuaz. A s ▶ la ▶ había otro que se había ne ▶ en redondo a hablar a doña Casilda. «Oiga, p ▶ cu ▶», quiso saber aquélla, «¿pa ▶ qué quie ▶ ustedes aquí un loro que no habla n ▶ una pa ▶?» El dependiente sonrió con su ▶. «Señora, este loro habla to ▶ más qu ▶ e ▶ qu ▶ usted se lleva, pero hay que di ▶ a él en inglés. Es su i ▶ na ▶».

4. **Converse con su compañero**

1. Hable de algún animal de compañía que haya tenido.
2. ¿Qué animal de compañía prefiere y por qué?
3. ¿Qué animal, no de compañía, le gusta más y por qué?
4. ¿Qué animales son populares o típicos de su país?

5. **Haga frases con los elementos dados**

1. Ella, viuda desde hacía años, vivía sola.
   ...., ..., desde hacía ...., ...
2. Un compañero capaz de hablar de verdad.
   .... capaz de ....
3. Un loro que no habla ni una palabra.
   .... que no .... ni ....
4. Habla más que el que usted se lleva.
   .... más/menos que ...... que ....

94

PASATIEMPOS

6. Ponga el artículo determinado que corresponda

...... IDIOMA	...... MAL
...... CRISIS	...... SAL
...... GUARDA	...... ORIGEN
...... TRAJE	...... IMAGEN
..... TEMA	...... TRANVÍA
..... SIMA	...... MELÓN
...... NUBE	...... TEMOR
..... HIPÓCRITA	...... SIEN

7. Complete estos dichos con el nombre de una parte del cuerpo

1. DONDE PONGO EL .... PONGO LA BALA.

2. POR UN .... LE ENTRA Y POR OTRO LE SALE.

3. SE CHUPABA LOS .... DE GUSTO.

4. NO VE MÁS ALLÁ DE SUS ....

5. YO NO ME MUERDO LA ....

El poeta Julio Palacios era conocido no sólo por sus versos, sino también por la longitud de su cabellera, que le caía hasta los hombros. Un día entró en una peluquería que no era la suya habitual y pidió que le cortaran el pelo de la «misma manera» que lo llevaba. A continuación se absorbió en las noticias sobre fútbol en el periódico del día, pues era muy aficionado a este deporte.

—¡Ya está! —dijo el peluquero complaciente al cabo de un rato.

Palacios se miró en el espejo y se vio todo transformado.

—¡Pero qué me ha hecho usted! No me reconozco. Me ha quitado usted casi un palmo de largo.

—Es verdad, pero en cambio parece usted mucho más joven.

—¿Usted cree?

—Es evidente.

Palacios se miraba al espejo con mezcla de satisfacción y contrariedad.

—De todas maneras —advirtió el poeta—, voy a consultar con mi abogado por si procediera pedirle a usted una indemnización por transformar mi imagen habitual.

—Muy bien —respondió el peluquero sin vacilar—, yo también le exigiré a usted una fuerte suma por haberle quitado diez años de encima.

NOTAS

1. Diga con otras palabras las siguientes frases de la historia

1. La longitud de su cabellera.
   Su me__ __ __ __.
2. De la misma manera.
   De ig__ __ __ form__.
3. ¡Ya está!
   ¡Serv__ __ o!
4. Todo transformado.
   Muy camb__ __ __ __.
5. De todas maneras.
   En cual__ __ __ __r cas__.

2. Dé los sinónimos de estas palabras del texto

1. Absorbió.
   Concen__ __ __.
2. Contrariedad.
   Enoj__.
3. Imagen.
   Aspe__ __ __.
4. Vacilar.
   Du__ __ __.

3. **Lea a su compañero**

A) El poeta Julio Palacios era co ▶ no s ▶ por sus versos, s ▶ t ▶ por la longitud de su ca ▶, que l ▶ caía hasta los hom ▶. Un día entró en una pe ▶ que no era la su ▶ ha ▶ y pidió que le cor ▶ el pelo de la «mis ▶ ma ▶» que lo llevaba. A con ▶ se absorbió en las no ▶ sobre fútbol en el pe ▶ del día, p ▶ era muy a ▶ a este deporte. «¡Y ▶ e ▶!», dijo el peluquero com ▶ al ca ▶ de un rato. Palacios se miró en el es ▶ y se vio to ▶ transformado.

B) «¡Pero qué m ▶ h ▶ h ▶ usted! No me re ▶. Me ha qui ▶ usted casi un pal ▶ de largo». «Es verdad, pero en cam ▶ parece usted mucho más joven». «¿U ▶ cr ▶?» «Es e ▶». Palacios se mi ▶ al espejo con mez ▶ de satisfacción y con ▶. «De todas maneras», ad ▶ el poeta, «voy a con ▶ con mi a ▶, por si procediera pedirle a usted una in ▶ por trans ▶ mi imagen habitual». «Muy bien», respondió el peluquero s ▶ v ▶, «yo también le e ▶ a usted una fuerte su ▶ por ha ▶ quitado diez años d ▶ en ▶».

4. **Converse con su compañero**

   1. ¿Ha pedido o le han pedido alguna vez indemnización por algo?
   2. ¿Qué noticias del periódico lee con más interés?
   3. ¿Cómo le gusta llevar el pelo?
   4. ¿De qué charla con el peluquero?

5. **Haga frases con los elementos dados**

   1. Era conocido no sólo por sus versos, sino también por su larga cabellera.
   .... no sólo ...., sino también ....
   2. Pidió que le cortaran el pelo de la misma manera que lo llevaba.
   Pidió que .... de la misma manera que ....
   3. Voy a consultar con mi abogado por si procediera pedirle a usted una fuerte suma por transformar mi imagen.
   Voy a .... por si ....ra ....
   ....
   4. Le exigiré una fuerte suma por haberle quitado diez años.
   ....ré .... por haber
   ....

PASATIEMPOS

6. Complete adecuadamente las frases siguientes

1. TRANS___ ___ ___ ___ ___Ó MÁS DE UNA HORA.
2. SE DEDICA AL TRANS___ ___ ___ ___ ___ DE MERCANCÍAS.
3. TENGO QUE TRANS___ ___ ___ ___ ___ ___ EN LA PRÓXIMA ESTACIÓN.
4. RADIO NACIONAL TRANS___ ___ ___ ___ EN ONDA CORTA.
5. UNA CALLE TRANS___ ___ ___ ___ ___ ___ A ÉSTA.

7. Haga una frase con cada uno de estos homónimos

1. Asimismo ....
   A sí mismo ....

2. Barón ....
   Varón ....

3. También ....
   Tan bien ....

4. Calló ....
   Cayó ....

5. Seso ....
   Sexo ....

Hacerse notar es un motivo de gran felicidad para algunas personas, y la manera de realizarlo presenta a veces formas contradictorias. Esto es lo que ocurría a Alfonso del Olmo. Se encontraba éste un día viajando, cuando un señor que se sentaba en el mismo compartimento del tren le preguntó si no tenía inconveniente que cerrara la ventanilla. Este hombre iba acompañado de una mujer y había también una chica que iba sola. La respuesta de Alfonso del Olmo fue que no, que él necesitaba el aire fresco que entraba para respirar. A lo cual, tanto la señora como la chica arguyeron que preferían cerrar porque se estaban quedando frías.

—Paz, señores —recomendó el revisor que entró en aquel momento—. En el vagón anterior hay un compartimento completamente vacío. Pueden ocuparlo los que deseen, y así todos viajarán a gusto.

La pareja y la chica se levantaron, cogieron sus pertenencias y, muy dignamente, se marcharon, precedidos del revisor. Al poco éste volvió a pasar frente al compartimento que ahora ocupaba Del Olmo sólo. Se hallaba éste al parecer durmiendo en el asiento, con la ventanilla herméticamente cerrada.

NOTAS

1. **Exprese lo mismo con palabras de la historia**

   1. Produce mucha satisfacción.
      .... motivo ....
   2. Así le pasaba.
      Esto .... que ....
   3. No hay problema.
      ....
   4. Váyanse allí quienes quieran.
      Pueden .... los ....

2. **Busque en la historia las palabras más relacionadas con las siguientes**

   1. Paraíso.
      Fe......................
   2. Negación.
      Contra............................
   3. Vehículo.
      Tr........
   4. Puerta.
      Ven......................
   5. Billete.
      Re.................
   6. Consejo.
      Reco.................
   7. Matrimonio.
      Pa..............
   8. Apariencia.
      Pa.................

3. **Lea a su compañero**

A) Hacerse notar es un mo ▶ de gran felicidad para al ▶ personas, y la manera de rea ▶ presenta a veces for ▶ contradictorias. Esto es lo que o ▶ a Alfonso del Olmo. Se en ▶ éste un d ▶ viajando, cuan ▶ un señor que se sen ▶ en el mismo com ▶ del tren le preguntó s ▶ no tenía in ▶ que ce ▶ la ventanilla. Este hombre i ▶ a ▶ de una mujer y ha ▶ tam ▶ una chica que iba sola. La res ▶ de Alfonso del Olmo f ▶ qu ▶ no, que él ne ▶ el ai ▶ fres ▶ que entraba para res ▶.

B) A lo cual, tan ▶ la señora co ▶ la chica ar ▶ que preferían cerrar porque se estaban que ▶ frías. «Paz, señores», recomendó el re ▶ que entró en aquel momento. En el va ▶ anterior hay un compartimento co ▶ va ▶. Pueden ocuparlo l ▶ qu ▶ deseen, y así todos via ▶ a gusto». La pa ▶ y la chica se le ▶, cogieron sus per ▶ y, muy dignamente, se mar ▶, precedidos del revisor. A ▶ po ▶ éste volvió a pa ▶ fren ▶ al compartimento que ahora o ▶ Del Olmo solo. Se ha ▶ éste al parecer durmiendo en el a ▶, con la ventanilla her ▶ cerrada.

4. **Converse con su compañero**

1. ¿Qué piensa del comportamiento de Del Olmo?
2. ¿Qué habría hecho usted en el caso de la pareja y la chica de la historia?
3. Hable de alguna escena en la que alguien se quiso hacer notar.

5. **Haga frases con los elementos dados**

1. Hacerse notar es motivo de felicidad para algunas personas.
   Hacerse ....r .... es ....
2. Se encontraba viajando, cuando se incendió su casa.
   ...... encontr.......... ....,
   cuando ....
3. Su respuesta fue que no, que él necesitaba el aire fresco.
   .... fue que ...., que ....
   ....
4. A lo cual la señora arguyó que no aguantaba el frío.
   .... lo cual ....ó
   que ....

PASATIEMPOS

6. Rellene las casillas en blanco

VERBO	NOMBRE
pertenecer	pertenencia
recomendar	
encontrar	
cerrar	
marchar	
volver	
hallar	
parecer	

7. Complete los siguientes trabalenguas

1. DEBAJO DE UN CA__ __ __

   HABÍA UN PERRO.

   VINO OTRO PERRO

   Y LE MORDIÓ EL R__ __ __.

2. EL AMOR ES UNA LO__ __ __ __

   QUE SÓLO EL CURA LO CURA,

   Y CUANDO EL CURA LO CURA

   CO__ __ __ __ UNA GRAN LO__ __ __ __

El famoso cantante Carlos Sanchís fue reconocido inmediatamente al entrar en el autobús, a pesar de que llevaba gorra y unas gafas oscuras. Aquel autobús hacía la ruta de Málaga hasta San Feliú de Guixols, en la Costa Brava, a donde precisamente actuaba Sanchís al día siguiente. En aquel viaje tan largo se hacían varias paradas. Sanchís se había montado en Granada, que era la primera de aquéllas.

Casi todos los viajeros, el conductor y la azafata mostraron abiertamente su simpatía y admiración al cantante, quien amablemente les firmó autógrafos y departió con ellos. Al salir de Valencia, el autobús se apartó un par de kilómetros de la autopista y se paró ante un hotel. Era el lugar señalado para tomar el almuerzo: los viajeros disponían de una hora completa. Sanchís fue atendido con más diligencia que nadie y, a la media hora, se encontraba dando vueltas por las terrazas y vestíbulos del hotel, donde compró postales y firmó más autógrafos. Miró su reloj, todavía no era la hora de salir. Se sentó en un cómodo sillón, donde se quedó dormido. Al despertar vio con sobresalto que pasaban tres cuartos de la hora de salida. Pero el autobús no se había marchado. Todos los pasajeros estaban dentro, esperando pacientemente a que terminara su siesta el gran divo.

1. Complete los espacios en blanco inspirándose en la historia

1. Llevaba gorra y gafas oscuras porque quería via......... de in....................
2. Era el si.............. in............ para tomar el almuerzo.
3. Terminó pronto la comida porque le sir............... con gr...... ra...........
4. Se sentó en un cómodo sillón y se que...... pro...................... dor...........
5. El autobús estaba allí todavía porque le es.............. es.................... a que ter.................... la sies.......

2. Dé los antónimos de estas palabras de la historia

1. Oscuras.	2. Montado.
Clar __ __.	Apea__ __.
3. Mostraron.	4. Admiración.
Ocult__ __ __ __.	Desprec__ __.
5. Diligencia.	6. Terminara.
Lent__ __ __ __.	Comenz__ __ __.

3. Lea a su compañero

A) El famoso can► Carlos Sanchís fue re► inmediatamente al entrar en el autobús, a pe► d► qu► llevaba go► y unas gafas oscuras. Aquel autobús ha► la ru► de Málaga hasta San Feliú de Guixols, en la Cos► Bra►, a donde precisamente ac► Sanchís al día siguiente. En aquel viaje tan largo s► ha► varias pa►. Sanchís se ha► mon► en Granada, que era la pri► de a►. Casi todos los viajeros, el con► y la azafata, mostraron a► su sim► y admiración al cantante, quien amablemente l► fir► autógrafos y departió con ellos. Al sa► de Valencia, el autobús se a► un par de kilómetros de la au► y se paró an► un hotel.

B) Era el lu► señalado para tomar el al►: los viajeros dis► de una hora com►. Sanchís fue a► con más diligencia que na► y, a la me► ho►, se encontraba dan► vuel► por las terrazas y ves► del hotel, donde compró pos► y firmó más autógrafos. Mi► su reloj, to► no era la hora de sa►. Se sentó en un có► sillón, donde s► que► dormido. Al des► vio con so► que pa► tres cuartos de la hora de sa►. Pero el autobús no se ha► mar►. Todos los pa► estaban den►, esperando pa► a que ter► su siesta el gran di►.

4. Converse con su compañero

1. Hable de sus preferencias musicales.
2. Hable de su asistencia a algún festival de música popular u otro acto de asistencia multitudinaria.
3. Dé su opinión sobre el hábito de la siesta.

5. Haga frases con los elementos dados

1. Sanchís fue reconocido, a pesar de que llevaba gafas oscuras.
   .... fue ....do/a a pesar de que ....
   ....
2. Al salir de Valencia, el autobús se apartó unos dos kilómetros.
   Al ....r ...., ...
3. Al despertar vio que pasaban tres cuartos de la hora de salida.
   ....
4. Todos estaban esperando a que Sanchís terminara su siesta.
   .... estaba/n esperando a que ....

PASATIEMPOS

6. Rellene las casillas en blanco

VERBO	ADJETIVO	NOMBRE
simpatizar		
disponer		
precisar		
abrir		
seguir		
entrar		

7. Complete la siguiente copla

CUANDO TUVE,

TE MAN_ _ _ _

Y TE DI.

HOY NO TENGO

NI TE TENGO

NI TE _ _ _.

BUSCA OTRO

QUE TE _ _ _ _ _,

TE MAN_ _ _ _ _

Y TE _ _.

UN HELADO es POCO

José Luis era facturador de equipajes en el aeropuerto de su ciudad y su mujer, Marta, era peluquera. Él terminaba su trabajo a las cuatro de la tarde y ella a las ocho, así que él era el encargado de recoger a su hija Nati del colegio a las cinco todos los días.

Una tarde, conforme caminaban hacia casa padre e hija, ésta, que iba chupando un helado, de pronto se echó a llorar.

—¿Qué te pasa, hija? —le preguntó José Luis, extrañado.

—¡Que se me ha acabado el helado!

—Eso es inevitable, ya te lo dije el otro día.

—¿Por qué no me compras dos helados en lugar de uno?

—No, porque eso sería glotonería, Nati.

Varios días después José Luis observó que Nati se tomaba su helado con gran lentitud, tanta que conforme llegaban a casa aún le quedaba la última chupada.

—¡Cuánto has tardado en comerte el helado! —comentó el padre.

—Sí —respondió la niña—, ¡pero siempre se acaban!

NOTAS

1. Exprese lo mismo con palabras de la historia

   1. Trabajaba en una peluquería.
     ....
   2. Se ocupaba.
     ...... el ....
   3. Muy despacio.
     ...... gran ....
   4. Te ha durado.
     ...... tardado ....lo.

2. Dé los sinónimos de estas palabras de la historia

   1. Trabajo.
     Fae_ _.
   3. Conforme.
     Mien_ _ _ _.
   5. Gula.
     Glot_ _ _ _ _ _.

   2. Recoger.
     Tra_r.
   4. Chupando.
     Lam_ _ _ _ _.
   6. Lentitud.
     Pars_ _ _ _ _ _.

3. **Lea a su compañero**

   A) José Luis era facturador de e ▶ en el aeropuerto de su ciudad y su
      mujer, Marta, era pe ▶. Él ter ▶ su trabajo a las cuatro de la tar ▶ y
      ella a las ocho, a ▶ qu ▶ él era el en ▶ de recoger a su hija Nati del
      colegio to ▶ l ▶ d ▶. Una tarde, conforme ca ▶ hacia ca ▶ padre e hija,
      ésta, que i ▶ chupando un helado, d ▶ pron ▶ se echó a llo ▶. «¿Qué
      t ▶ pa ▶, hija?», le preguntó José Luis, ex ▶. «¡Que s ▶ m ▶ h ▶ acaba-
      do el helado!»

   B) «E ▶ es i ▶, ya te lo di ▶ el otro día». «¿Por qué no me com ▶ dos
      helados e ▶ lu ▶ d ▶ uno?» «No, porque e ▶ se ▶ glotonería, Nati».
      Va ▶ días des ▶ José Luis ob ▶ que Nati se to ▶ su helado con gran
      lentitud, ta ▶ qu ▶ conforme llegaban a su casa aún l ▶ que ▶ la última
      chupada. «¡Cuánto has tar ▶ en co ▶ el helado!», co ▶ el padre. «Sí»,
      res ▶ la niña, «¡pero siempre s ▶ a ▶!»

4. **Converse con su compañero**

   1. A Nati la contrariaba que un helado tuviera que acabarse. ¿Le pasó a
      usted algo de ese tipo en la infancia?

   2. ¿Qué creencia fantástica tuvo en su infancia y cuándo se vino abajo?

   3. ¿Cómo recuerda su salida del colegio todos los días? ¿Le sucedió alguna
      vez algo digno de contarse?

5. **Haga frases con los elementos dados**

   1. Conforme caminaban, Nati iba chupando un helado.
      Conforme ....ban/ían ....

   2. ¡Que se me ha acabado el helado!
      ¡Que ....!

   3. Habló tanto que se puso ronca.
      ....ó tanto que ....

   4. ¡Cuánto has tardado en comerte el helado!
      ¡Cuánto ....!

PASATIEMPOS

6. Dé el adjetivo en *-ble* correspondiente

VERBO	ADJETIVO
disolver	disoluble
acceder	
fundir	
fallar	
sentir	
comprender	
corromper	

7. Complete y resuelva estas adivinanzas

1. BLANCO POR DENTRO

   VERDE POR _ _ _ _ _,

   SI QUIERES QUE TE LO DIGA,

   ESPERA.

   _ _   _ _ _ _ _

2. TIENE COPA,

   NO PARA TOMAR;

   TIENE ALAS,

   NO PARA _ _ _ _ _ _.

   _ _   _ _ _ _ _ _ _ _ _

Cristina se examinaba aquella mañana por cuarta vez del carnet de conducir.

—Domine sus nervios y concéntrese bien en lo que hace —le recomendó su profesor—. Yo creo que esta vez va usted a aprobar.

—¡Tendría que haber aprobado ya! —se lamentó Cristina.

—Es posible, pero es que siempre los nervios le juegan a usted una mala pasada.

—No son los nervios, que yo me conozco muy bien. Es la mala suerte.

Cristina se puso al volante y el examinador se sentó a su lado y le mandó arrancar. El coche se metió por calles con bastante tráfico y todo fue bien mientras el hombre tomaba algunas notas en su bloc. Luego mandó a Cristina que girara a la izquierda y al poco desembocaron en un trozo de calle residencial. Por allí se veían coches alineados junto a las aceras, pero había bastantes huecos. Después de indicar a la mujer que aparcara donde lo creyera conveniente, el examinador se apeó. Ella sonrió complacida porque aquélla era precisamente su calle, lo cual le inspiraba una gran confianza.

El examinador observó la maniobra, que se desarrolló con soltura hasta que, en el momento final, Cristina dio un violento golpe al coche de atrás.

—Lo ha estropeado usted todo en el último momento —le dijo su juez con acento de pena.

—No hay problema —aseguró Cristina—. Ese coche al que le he dado es mío.

NOTAS

1. Responda a las siguientes preguntas

1. Según el profesor, ¿por qué suspendía Cristina?
   ....

2. ¿Cuál era la causa, según ella?
   ....

3. ¿En qué consistió la primera parte del examen de aquella mañana?
   ....

4. ¿En qué consistió la segunda?
   ....

5. ¿Qué palabras del texto indican que Cristina ha suspendido el examen?
   ....

2. Dé los sinónimos de estas palabras de la historia

1. Concéntrese.
   Fíj_ _ _.

2. Girara.
   Torc_ _ _ _.

3. Desembocaron.
   Aparec_ _ _ _ _.

4. Huecos.
   Clar_ _.

5. Acento.
   Ton_.

6. Dado.
   Peg_ _ _.

3. Lea a su compañero

A) Cristina se examinaba aquella mañana p▶ cuarta v▶ del carnet de
c▶. «Domine sus nervios y con▶ bien en lo que hace», le re▶ su
profesor. «Yo cr▶ qu▶ esta vez va usted a a▶». «¡Ten▶ que ha▶
aprobado ya!», se la▶ Cristina. «Es posible, pero es que siempre los
nervios le jue▶ a usted una mala pa▶». «No son los nervios, que yo
me co▶ muy bien. Es la ma▶ suer▶». Cristina se puso al vo▶ y el
ex▶ se sentó a su lado y le mandó a▶. El coche se me▶ por calles con
bastante tráfico y to▶ f▶ b▶ mientras el hombre to▶ algunas notas
en su bloc. Luego man▶ a Cristina que gi▶ a la izquierda y a▶ po▶
desembocaron en un tro▶ de calle residencial.

B) P▶ a▶ se veían coches a▶ junto a las aceras, pero había bastantes
hue▶. Des▶ d▶ indicar a la mujer que aparcara donde lo cre▶ conveniente, el examinador se a▶. Ella sonrió com▶ porque aquélla era
pre▶ su calle, lo cual le ins▶ una gran con▶. El examinador observó
la ma▶, que se des▶ con soltura hasta que, en el momento fi▶, Cristina dio un vio▶ gol▶ al coche de a▶. «Lo ha es▶ usted todo en el
último momento», le dijo su j▶ con acento de pena. «No hay problema», a▶ Cristina. «Ese coche a▶ qu▶ l▶ he dado es mío».

4. Converse con su compañero

1. ¿En qué consiste el examen de conducir en su país?
2. Hable de cómo le fue cuando hizo el examen de conducir.
3. ¿Ha dado o le han dado alguna vez un golpe fuerte a su coche?

5. Haga frases con los elementos dados

1. Concéntrese en lo que hace.
    ....e/a ....
2. Los nervios le juegan a usted una mala pasada.
    .... mala pasada.
3. Mandó a Cristina que girara a la izquierda.
    .... que ....ra ....
4. Después de indicar a la mujer que aparcara allí, se apeó.
    Después de ...., ...
5. Ese coche al que le he dado es mío.
    Ese .... que .... es ....

PASATIEMPOS

6. Rellene las casillas en blanco con el verbo correspondiente y haga una frase con cada uno de ellos

NOMBRE	VERBO	FRASE
árbol		
cabeza		
caja		
cauce		
gancho		
grasa		
lazo		

7. Coloque las letras que faltan en la siguiente canción infantil

PERIQUITO, EL BANDOLERO,

SE METIÓ EN UN SOMBRERO,

EL SOMBRERO ERA DE _ _ _ _

Y SE METIÓ EN UNA CAJA.

LA CAJA ERA DE _ _ _ _ _ _

Y SE METIÓ EN UN CAJÓN,

EL CAJÓN ERA DE _ _ _ _

Y SE METIÓ EN UN PEPINO,

EL PEPINO MADURÓ,

¡Y PERIQUITO SE SAL_ _!

Ramiro se disponía a entrar en el restaurante «Los Caldos» cuando se le acercó un hombre alto y seco, de aspecto distinguido.

—Usted perdone el atrevimiento —le dijo aquél—, pero desde hace algún tiempo me encuentro en una situación apurada. Perdí mi empleo por quiebra de la empresa y no percibo subsidio ninguno. ¿Me podría invitar a algo de comer?

—Venga conmigo —le respondió Ramiro, conmovido.

Entraron en el restaurante y Ramiro dijo a un camarero que le sirvieran a aquel hombre un menú del día y que se lo cargaran a su cuenta. Éste dio las gracias a su benefactor, quien dijo que aquello no tenía importancia. Después de comer y de haber pagado su comida y la del otro, Ramiro se levantó de su mesa y salió a la calle. Allí estaba, en el mismo sitio que lo había encontrado antes, su invitado.

—¿Qué tal la comida? —le preguntó Ramiro.

—No he comido aún —respondió el hombre—. Los viernes normalmente termino de trabajar tarde; todavía me faltan dos invitaciones. Es que los sábados y domingos descanso, sabe usted...

116

NOTAS

1. Coloque los números correspondientes

1. De aspecto distinguido.
2. Perdone el atrevimiento.
3. Perdí mi empleo.
4. Dio las gracias a su benefactor.
5. Todavía me faltan dos invitaciones.

___ No hay de qué darlas.
___ ¡Vaya caradura!
___ Parecía un marqués.
___ En paro.
___ Muy educado.

2. Busque en la historia las palabras más relacionadas con las siguientes

1. Delgadez.
   Se.......
3. Cierre.
   Quie.........
5. Cobro.
   Car...............

2. Valiente.
   Atre........................
4. Lástima.
   Con....................
6. Costumbre.
   Nor...........................

3. Lea a su compañero

A) Ramiro se dis ▶ a entrar en el restaurante «Los Cal ▶» cuando se le acercó un hombre alto y seco, de as ▶ distinguido. «Usted perdone el a ▶», le dijo aquél, «pero me encuentro en una situación a ▶. Per ▶ mi empleo por quiebra de la em ▶ y no percibo sub ▶ ninguno. ¿Me po ▶ invitar a al ▶ de comer?» «Ven ▶ conmigo», le respondió Ramiro, con ▶. Entraron en el restaurante y Ramiro di ▶ a un camarero que le sir ▶ a aquel hombre un menú del día y que se lo car ▶ a su cuenta.

B) Éste dio las gracias a su be ▶, quien dijo que aquello no te ▶ im ▶. Después de comer y de ha ▶ pa ▶ su comida y la del otro, Ramiro se le ▶ de su mesa y sa ▶ a la calle. Allí estaba, en el mis ▶ si ▶ que lo había en ▶ antes, su in ▶. «¿Qué tal la co ▶?», le preguntó Ramiro. «No h ▶ co ▶ aún», respondió el hombre. «Los vier ▶ normalmente ter ▶ de tra ▶ tarde; to ▶ me faltan dos in ▶. E ▶ qu ▶ l ▶ sábados y domingos descanso, sa ▶ usted...».

4. Converse con su compañero

1. ¿Cómo habría reaccionado usted en el caso de Ramiro al principio y al final?
2. ¿Tiene alguna anécdota relacionada con alguien que le pidiera limosna?
3. Hay quien piensa que dar limosna a los que piden por la calle es favorecer la vagancia, y que es más eficaz dar a una institución benéfica. ¿Qué piensa usted?

5. Haga frases con los elementos dados

1. Se disponía a salir, cuando sonó el teléfono.
...... dispon .... a ...., cuando
....
2. Perdí mi empleo por quiebra de la empresa.
...............í/é .... por ....
3. Ramiro dijo al camarero que le sirvieran a aquel hombre de comer.
.... dij...... a/l .... que ....ra
....
4. Después de comer y de haber pagado las comidas, Ramiro se levantó de su mesa.
Después de .... y de haber ....,
....

PASATIEMPOS

6. Complete estas frases con una palabra de la familia de *dirigir*

1. MI AMIGO .... ESE PERIÓDICO ENTRE 1980 Y 1984.

2. ¿QUÉ .... LLEVÁIS?

3. ¿POR QUÉ NO HABLAS .... CON EL JEFE?

4. HOY SE REÚNE LA JUNTA .... DEL CLUB.

5. ¿HAY TREN .... PARA HENDAYA?

6. ES UN ALTO ..../........................... DE LA EMPRESA.

7. UN GLOBO ....

8. UN PROYECTIL ....

9. ÉL ES EL .... DEL PERIÓDICO.

10. NOS HAN DADO NUEVAS .... DE ACTUACIÓN.

UN NIÑO MUY SERVICIAL

Juanito tenía una pequeña rareza en lo referente a comidas, la cual consistía en comerse el atún y las aceitunas de la ensalada y dejarse siempre la lechuga y el tomate. Sus padres le insistían que aquellas verduras eran muy importantes para el buen funcionamiento del organismo, pero él no hacía caso de esto, pues hay que tener en cuenta que en aquella época Juanito era todavía muy pequeño. Iba a la escuela, pero aún no le habían enseñado a leer y escribir.

Por lo demás, Juanito no le hacía asco a casi nada y su apetito era estupendo, de lo cual sus padres estaban muy satisfechos. Igualmente estaban muy contentos de la buena disposición que tenía siempre Juanito para ayudar en pequeñas labores de la casa o para hacer algún recado en la vecindad. A su mamá, sobre todo, le prestaba servicios muy útiles, a veces de forma espontánea. Así sucedió un día en que, estando aquélla muy ocupada en la cocina, tuvo que ponerse al teléfono. Entonces, ni corto ni perezoso, Juanito se metió en la cocina y se puso a actuar por su cuenta. Cuando al cabo de un rato su madre volvió allí y vio al niño tan diligentemente ocupado, le dio un sonoro beso y le llamó «tesoro». Una media hora después, sentada ya toda la familia a la mesa, se pudo ver que la ensalada de aquel día difería en algo de la normal: en vez de aceitunas llevaba huesos de aceitunas. La carne de las mismas, por supuesto, se digería ya en el estómago de Juanito.

NOTAS

1. Diga lo contrario con frases de la historia

1. Era absolutamente normal.
   .... pequeña ....
2. Y él se lo tomaba muy en serio.
   .... él no .... caso ....
3. Nunca tenía ganas de comer.
   .... era ....
4. Era como siempre.
   .... en .... de lo ....

2. Complete las siguientes expresiones de la historia

1. Re..................... a.
2. Se pu........ a.
3. Con..................... en.
4. Po..................... al.
5. .... que.
6. No ha.......... ca...... de.
7. Al ca...... de.
8. En .... de.

3. Lea a su compañero

A) Juanito tenía una pequeña ra▶ en lo referente a comidas, l▶ c▶ consistía en comerse el a▶ y las aceitunas de la en▶ y dejarse siempre la le▶ y el tomate. Sus padres le insistían que aquellas ver▶ eran muy importantes para el buen fun ▶del or▶, pero él no h ▶ca ▶ de esto, p▶ hay que t▶ en cuen▶ que en aquella é▶ Juanito era todavía muy pequeño. Iba a la escuela, pero aún no le ha▶ en▶ a leer y escribir. P▶ l▶ de▶, Juanito no le hacía as▶ a casi nada y su a▶ era estupendo, d▶ l▶ c▶ sus padres estaban muy sa▶. Igualmente estaban muy contentos de la buena dis▶ que tenía siempre Juanito para a▶ en pequeñas la▶ de la casa o para hacer algún re▶ en la vecindad.

B) A su mamá, so▶ to▶, le pres▶ servicios muy ú▶, a veces de forma es▶. Así sucedió un día en que, es ▶ aquélla muy o▶ en la cocina, tu▶ que po▶ al teléfono. Entonces, ni cor▶ ni pe▶, Juanito se me▶ en la cocina y se puso a ac▶ por su cuenta. Cuando al cabo de un ra▶ su madre volvió allí y vio al niño tan di▶ ocupado, le dio un so▶ beso y le llamó «te▶». U▶ me▶ hora después, sen▶ ya toda la familia a la mesa, s▶ pu▶ ver que la ensalada de aquel día di▶ en al▶ de lo normal: en vez de aceitunas llevaba hue▶ de aceitunas. La car▶ de las mismas, p▶ su▶, se digería ya en el es▶ de Juanito.

4. Converse con su compañero

1. Diga cuáles eran sus gustos y aversiones en materia de comida cuando era niño.
2. Cuente alguna «hazaña» de su infancia, como la que Juanito cometió con las aceitunas de la ensalada.
3. Diga qué «servicios» le encantaba prestar en casa cuando era niño.

5. Haga frases con los elementos dados

1. Tenía una manía referente a la comida, la cual consistía en mojar las tostadas en el café con leche.
   ...., la cual consistía en
   ....,
2. Su apetito era estupendo, de lo cual sus padres estaban muy contentos.
   ....,
   de lo cual ....

122

3. Ocurrió que, estando su mamá ocupada en la cocina, la llamaron por teléfono.

Ocurrió que, estando ....,
....

PASATIEMPOS

6. **Rellene las casillas en blanco con la palabra adecuada**

ADJETIVO	NOMBRE
raro	
estúpido	
bello	
caro	
barato	
espeso	
extraño	
grueso	

7. **Coloque las letras que faltan en los siguientes dichos**

1. NI COMER SIN BEBER, NI FIR_ _ _ SIN LEER.

2. NI EN LA C_ _ _ _ NI EN LA MESA ES ÚTIL LA VERGÜENZA.

3. NO HAGAS BIEN SIN S_ _ _ _ A QUIÉN.

4. NO DIGAS NUNCA: DE ESTE AG_ _ NO B_ _ _ _ _ _.

NO SEA USTED CURIOSO

Gaspar es un gran amante del cine. Cada semana se ve por lo menos tres películas, pero en la pantalla grande, porque es aficionado de los de antaño. En la semioscuridad de una sala de cine es donde él encuentra el clima idóneo para evadirse e identificarse con la fantasía y magia del séptimo arte. Nada de esto lo consigue con la TV, aunque sí ve ésta para enterarse de las noticias y para ver documentales de interés específico. Esta tarde Gaspar está viendo una película muy emocionante; tanto, que ya ha decidido que se va a quedar a verla por segunda vez. Pero hay algo que está molestando a Gaspar. Justamente delante de él hay una pareja que constantemente intercambia comentarios. Parece, además, que lo hace en los momentos más interesantes de la acción, cosa que resulta exasperante para Gaspar. Llega un momento en que éste no puede contenerse más y protesta:

—¡A ver si me dejan ustedes enterarme de algo!

El hombre vuelve la cabeza sorprendido y replica:

—¿Y a usted qué le importa lo que estamos hablando?

1. Exprese con otras palabras estas frases de la historia

1. Es un gran amante del cine.
   Tiene pasi__ __ p__r el cine.
2. Hay algo que está molestando a Gaspar.
   Hay u__ __ cos__ qu__ l__ pert__ __b__.
3. Una pareja que constantemente intercambia comentarios.
   Una pareja que no ces__ d__ hab__ __ __.
4. Cosa que resulta exasperante para Gaspar.
   Cosa que l__ atac__ l__ __ nerv__ __s.

2. Busque en la historia las palabras más relacionadas con éstas

1. Butacas.
   ....la.
2. Imaginación.
   ....
3. Prodigio.
   ....
4. Realidad.
   Docu.........................
5. Dos.
   Pa............
6. Historia.
   Ac............

3. Lea a su compañero

A) Gaspar es un gran a ▶ del cine. Cada semana se ve p ▶ l ▶ me ▶ tres películas, pero en la pan ▶ grande, porque es a ▶ de los de an ▶. En la semioscuridad de una sala de cine es don ▶ él encuentra el cli ▶ i ▶ para evadirse e i ▶ con la fantasía y magia del sép ▶ arte. Na ▶ de esto lo con ▶ con la TV, aun ▶ sí ve ésta para enterarse de las no ▶ y para ver documentales de in ▶ es ▶. Esta tarde Gaspar es ▶ viendo una pel ▶ muy e ▶;

B) tanto que ya ha de ▶ que se va a que ▶ a verla p ▶ se ▶ v ▶. Pero hay algo que está mo ▶ a Gaspar. Jus ▶ de ▶ de él hay una pareja que cons ▶ intercambia co ▶. Pa ▶, además, que lo ha ▶ en los mo ▶ más interesantes de la ac ▶, cosa que re ▶ exasperante para Gaspar. Lle ▶ un momento en que éste no puede con ▶ más y pro ▶: «¡A v ▶ si me de ▶ ustedes enterarme de algo!» El hombre vuel ▶ la cabeza sor ▶ y re ▶: «¿Y a usted qué l ▶ im ▶ lo que estamos hablando!»

4. Converse con su compañero

1. ¿Qué tipo de películas le gustan?
2. ¿Qué película le ha hecho más impresión y por qué?
3. ¿Qué tipo de programas de TV prefiere y por qué?

5. Haga frases con los elementos dados

1. En una sala de cine es donde él logra evadirse.
   En .... es donde ....
2. Es una película emocionante; tanto que ha decidido verla por segunda vez.
   Es ....; tanto que ....
   ....
3. Hay algo que está molestando a Gaspar.
   Hay algo que ....
4. Llega un momento en que éste no puede contenerse más y protesta.
   Llega un momento en que ....
   .... y ....
5. ¡A usted qué le importa lo que estamos hablando!
   ¡A .... qué ...... importa lo que ....!

PASATIEMPOS

6. Rellene las casillas en blanco con la palabra adecuada

ADJETIVO	NOMBRE
idóneo	
	clima
	fantasía
específico	
exasperante	
	televisión
	momento
gran	

7. Coloque las letras que faltan en los siguientes dichos

1. MÁS PA_ _ _ _ _.

2. MÁS BR_ _ _ QUE UN ARADO.

3. MÁS VALE MAÑA QUE F_ _ _ _ _.

4. MÁS V_ _ _ _ QUE ANDAR A GATAS.

5. MÁS A_ _ _ _ _ QUE LA HIEL.